Gespräche mit meinem Engel

Karina Silberweg

Gespräche mit meinem Engel

Ryvellus
bei Neue Erde

Stellungnahme des Verlages:
Warum wir an der »alten« Rechtschreibung festhalten

Wir halten die »neue« Rechtschreibung für eine Fehlgeburt, und das konnte auch gar nicht anders sein, weil der Ansatz der Reformer war, das Schreiben einfacher zu machen. Wir als Verlag veröffentlichen unsere Bücher aber für Sie, liebe Leserin/lieber Leser - Sie sollen es als Leser einfach haben. Das Lesen und das Verständnis ist bei vielen Regeln der »alten« Rechtschreibung einfacher und klarer. (Denken Sie nur einmal, daß nach der neuen Rechtschreibung, zwei Autoren kein Buch mehr zusammenschreiben können, es hieße dann immer, sie hätten es zusammen geschrieben, auch wenn sie es zusammengeschrieben haben.) Im übrigen sind die neuen Regeln nun auch nicht eben frei von Widersprüchen. Auf Wunsch senden wir Ihnen gerne ein ausführliches Info mit den wichtigsten Ungereimtheiten am »Neuschrieb«.

1 2 3 4 5 6 7 17 16 15 14 13 12 11 10 09 08 07 06 05 04 03 02 01

Karina Silberweg
Gespräche mit meinem Engel

Deutsche Originalausgabe
Copyright © NEUE ERDE Verlag GmbH, 2001
Alle Rechte vorbehalten.

Titelseite:
Illustration: Antarion Reinhard
Gestaltung: Dragon Design, GB

Satz und Typographie: Dragon Design, GB
Gesetzt aus der Garamond 3

Gesamtherstellung: Legoprint, Lavis, Italia
Printed in Italy

ISBN 3-89060-125-1

NEUE ERDE Verlag GmbH
Rotenbergstr. 33 · 666111 Saarbrücken
Deutschland · Planet Erde
info@neueerde.de · www.neueerde.de

Inhalt

Gottes Segen
Der Wind rauscht durch die Bäume,
Gott ist mir ganz nah.
Der Seele Blütenträume
Sie alle wurden wahr.
Es strömt aus Seinen Händen
Der Segen auf mein Haupt.
Daß je die Not würd' enden,
Ich hätt' es nie geglaubt.

Vorwort

Wie es dazu kam, daß ich mit meinem Engel reden konnte, das ist eine lange Geschichte. Die Leser meines Buches »Mein Engel und ich« kennen sie. Für diejenigen, die sie nicht kennen, hier eine kurze Zusammenfassung.

Als Kind habe ich ganz fest an meinen Schutzengel geglaubt und kräftig mit ihm geschimpft, wenn etwas schiefging. Als Erwachsener vergißt man, daß man beschützt ist, oder glaubt es einfach nicht. Erst als ich wegen einer schweren Krankheit zu meditieren begann, fand ich zu meinem Kinderglauben zurück. Als ich eines Tages eine Stimme in meinem Kopf hörte, die Dinge vermittelte, die einfach nicht meine eigenen Gedanken sein konnten, merkte ich, daß es mein Engel war, der zu mir sprach. Ich fing an, diese Gespräche aufzuschreiben. Zunächst nur für mich. Als jedoch Informationen kamen, die meiner Ansicht nach mehr Menschen erfahren sollten, beschloß ich, daraus ein Buch zu machen. Nachdem es herausgekommen war, gingen die Gespräche weiter, so daß ein zweites Buch entstand. Dieses liegt nun vor Ihnen, und ich hoffe, daß es ebenso freundlich aufgenommen wird wie das erste.

Ach ja, Sie sollten noch wissen, daß mein Engel mir auch seinen Namen gesagt hat. Er heißt Antaares.

Ein Hundebiß und seine Folgen

Zwei Jahre lang hatte ich mein erstes Buch den Verlegern angeboten wie sauer Bier. Nachdem der siebzigste Verlag abgelehnt hatte, gab ich erst einmal auf.

»Ich bin es leid«, sagte ich zu Antaares, »wenn du meinst, ich soll weitermachen, gib mir Bescheid. Mir wird auf die Dauer das Porto auch zu teuer.«

Er antwortete nicht, beleidigt packte ich das Manuskript und das halbe Dutzend übriggebliebener Kopien weg und nahm mir vor, nicht mehr daran zu denken.

Der Sommer kam und damit auch das jährliche Stadtfest. Es war herrliches Wetter, und der Festplatz war voll fröhlicher Menschen. Ich hatte meine Enttäuschung weggesteckt und redete mir ein, es sei mir völlig schnuppe, ob mein Buch je erscheinen würde oder nicht. Während ich über den Platz bummelte, viele alte Bekannte begrüßte, die man meistens nur beim Stadtfest sieht, fiel mir eine Dame auf, die allein neben der Tanzfläche stand. Ich hatte sie hier noch nie gesehen und war mehr als beeindruckt. Groß und schlank, mit langen schwarzen Haaren, war sie sehr elegant und gepflegt mit dem Flair einer großen Persönlichkeit. Es war das gewisse Etwas, das mich anzog, wie eine Motte das Licht. Das Etwas, das man hat, aber nie erlernen oder erwerben kann. Ich mußte sie kennenlernen. In ihre Richtung schlendernd, sah ich, daß sie einen Arm in Gips hatte. Da hatte ich ja einen herrlichen Aufhänger. Ich stellte mich neben sie, guckte ein bißchen in die Gegend, ehe ich sie direkt anlächelte. Sie lächelte zurück. Auf ihren Gipsarm deutend fragte ich mitfühlend: »Kleine Schlägerei gehabt?« Ich hatte mich nicht getäuscht, sie lachte fröhlich auf und sagte trocken: »Nee, Hundebiß!«

»Welcher Köter kann so gemein sein und so etwas Nettes wie Sie beißen?«

So kamen wir ins Gespräch. Sie war Malerin und, wie ich später erfuhr, bekannt und erfolgreich. Sie erzählte von ihrer letzten Ausstellung, ich berichtete ihr von meinen vergeblichen Versuchen, ein Buch zu veröffentlichen.

»Vielleicht kann ich Ihnen helfen, ich kenne eine Verlagsvertreterin, ich gebe Ihnen die Telefonnummer, reden Sie mal mit ihr.«

Ich starrte sie mit offenem Mund an, faltete die Hände um mein Bierglas und dachte ein Dankgebet.

Ein Jahr und zwei Monate später war mein Buch unter den Neuerscheinungen auf der Frankfurter Buchmesse. Die Verlagsvertreterin hatte es gelesen und mir sechs mögliche Verleger genannt. Der erste, dem ich mit ihrer Empfehlung mein Manuskript schickte, nahm es an.

Zwei Jahre später stand ich an der gleichen Stelle, wo ich die Malerin getroffen hatte. Ich hatte sie nicht wieder gesehen, vergessen würde ich sie nie. Abends redete ich mit Antaares.

»Ich habe schon darüber nachgedacht, ob die arme Frau gebissen wurde, damit ich einen Grund hatte, sie anzusprechen. Schließlich kann man nicht auf einen fremden Menschen losgehen und sagen, daß man ihn toll findet. Aber sie beißen lassen, nein, das ist doch ein bißchen hart.«

»Hältst du uns für so gemein? Wir haben nur dafür gesorgt, daß sie zum Festplatz kam. Solche öffentlichen Belustigungen sind nämlich gar nicht ihr Stil ...« »Habe ich mir gedacht, sie war irgendwie fehl am Platze«, unterbrach ich ihn. »Sie wirkte wie ein Schwan im Entenstall.«

»Kannst du dir nicht abgewöhnen, mich ständig zu unterbrechen? Ist ja ekelhaft.«

»Tschuldigung«, murmelte ich kleinlaut.

»Ihr seid euch auch einmal in der Stadt begegnet, aber da kann man ja einen Fremden nicht ansprechen. Und es sollte sich ja auch ein längeres Gespräch entwickeln. Das geht in der lockeren Atmosphäre eines Festes viel besser. Wenn sie den Arm nicht in Gips gehabt hätte, wäre dir eben etwas anderes eingefallen. Dafür hätte ich schon gesorgt.«

»Das glaube ich dir unbesehen. Aber für mich ist und bleibt der Hundebiß der Anlaß, aus dem mein Buch erschienen ist.«

Binz

Wir hatten wieder ein Schiff. In dem Buch »Mein Engel und ich« habe ich beschrieben, wie wir unser erstes Schiff verloren hatten. Fünf Jahre dauerte es, bis wir wieder Planken unter den Füßen hatten. Es war herrlich, wieder auf dem Wasser zu sein. Aus Dankbarkeit für meine Tante, die mir ihr Sparbuch hinterlassen hatte, tauften wir das Schiff »Binz«, denn so wurde die Tante seit ihrer Kindheit genannt. Dann fragte mich mein Mann eines Tages, wie denn wohl der Engel der »Binz« hieße. »Muß ich mal Antaares fragen«, sagte ich. Ich fragte mehrmals, bekam aber keine Antwort.

»Nanu, das ist aber seltsam! Kann mir doch keiner erzählen, wir hätten auf diesem Schiff keinen Engel.« Ich war ungeduldig. Endlich bekam ich eines Abends vor dem Einschlafen eine Information. Aber so vage, so wenig verständlich, daß ich zwar eine Vorstellung davon bekam, was mir übermittelt werden sollte, es war mir aber nicht möglich, es in Worte zu fassen. Wenn so etwas geschieht, ist es am besten, sich sofort an den PC zu setzen und es aufzuschreiben. Während ich schreibe, werden die Dinge klarer, und Antaares scheint mir die Finger über die Tasten zu führen. Aus unerfindlichen Gründen kam ich aber lange nicht dazu.

»Kam nicht dazu ist gut! Du warst schlicht zu faul. Und das hast du jetzt davon!«

Ach, sieh mal an, mein Engel! Und jetzt wußte ich auch, warum ich krank im Bett liegen und auf meinem Laptop schreiben mußte!

»Was soll ich denn jetzt zuerst schreiben, wie unser Schiffsengel heißt oder warum ich im Bett liege?«

»Warum du auf der Nase liegst, brauchst du keinem mehr zu erklären, das ist ja wohl klar wie ...«

» ... Kloßbrühe«, kicherte ich. »Fiel dir gerade kein passendes Wort ein? Ich helfe gern!«

»Sei jetzt bitte vernünftig und höre mir zu. Du hast ja gemerkt, wie schwierig die Erklärung über den Schiffsengel ist.

Also, der Engel wird auch ›Binz‹ heißen.«

»Wird? Dann haben wir jetzt wirklich noch keinen?«

»Deine Tante ist hier in einer sehr traurigen Verfassung angekommen. Und hat lange nicht verstanden, was mit ihr geschehen ist. Du hast auch nicht lange genug für sie gebetet. Als aber immer wieder ihr Name im Zusammenhang mit dem neuen Schiff fiel, wurde sie aufnahmefähig. Wenn ihr zum Schiff kommt und sagt ›grüß dich, Binz‹, und wenn ihr von Bord geht, ›tschüs, Binz, laß es dir gut gehen‹, so ist das für sie ein Lichtstrahl, der ihr weiterhilft, und, was ganz wichtig ist, sie stärkt.«

Wieder einmal sah und fühlte ich, was mit der Tante Binz geschah. Antaares hatte es mir auch im Bild übermittelt. Nur erklären konnte ich es nicht. Jedenfalls nicht so, daß es verständlich für einen Außenstehenden sein würde. Das Bild zeigte mir einen kleinen Lichtstrahl, der von der Tante auf das Schiff fiel. Und die Liebe und Fürsorge, die wir für das Schiff haben würden, kommt auch der Tante zugute. Und so entsteht aus dem Lichtstrahl von der Tante und unserer Liebe ein neuer Engel, unser Schiffsengel, der »Binz« heißen würde.

»Na siehst du, du hast es doch ganz gut erklären können.«

»Dann ist das so richtig, wie ich es empfunden und erklärt habe?«

»Das ist ja ganz was Neues, daß du fragst, ob es stimmt, was ich dir übermittle. Seit wann glaubst du, daß du zu blöd dafür bist?«

»Bä, was kannst du gemein sein. Und das ein Engel! Man wird doch mal fragen dürfen.«

»Klar, darfst du fragen. Aber auf dumme Fragen gibt es nun mal dumme Antworten. Und was die Gemeinheit betrifft, die du mir vorhältst, vergiß nicht, daß ein Engel seinem Schützling immer angepaßt ist.«

»Das hört sich an, als hättest du noch ›ätsch‹ gesagt.«

»Habe ich nicht, hätte ich aber gern, aber *ich* bin ja ein Engel.«

Mein Engel schweigt

Was soll ich tun? Mein Engel spricht nicht mehr mit mir. Es dauerte eine Weile, bis mir das richtig aufging. Dann dachte ich, daß ich nicht die rechte Ruhe und Sammlung gehabt hatte. Ich setzte mich still hin, betete, horchte in mich hinein, nichts! Ich bat, ich weinte, ich bettelte um ein Wort, nichts! Wie es meinem Temperament entspricht, wurde ich wütend.

»Antaares, sprichst du nicht mehr mit mir?« fragte ich. Es klang wahrscheinlich nicht sehr liebenswürdig. Knallhart kam ein einziges Wort: »Nein!!«

»Dann eben nicht!« Beleidigt nahm ich den Telecommander und schaltete den Fernseher ein. Es interessierte mich zwar nicht die Bohne, was es da gab, aber weiterbetteln wollte ich auch nicht.

Abends im Bett begann ich zu grübeln, ob ich ihn mit irgend etwas so gekränkt hatte, daß er so hart reagierte. Er hatte mir ja auch keine Erklärung gegeben, und wenn ich etwas hasse, dann ist es, wenn mir jemand böse ist und nicht mit der Sprache herausrückt, warum. Man würde ja gern Abbitte leisten, aber man will doch wissen, was man verbockt hat.

Eine Sache fiel mir ein, wo ich falsch reagiert hatte. Es war auf der Bootsfahrt auf der Weser. Die Saison war vorbei, und wir überführten das Boot in die Werft. Es hatte den ganzen Sommer geregnet, d. h., es war kein Sommer, sondern nur ein grün angestrichener Winter. Ich sah der zweitägigen Überführungsfahrt jedoch frohgemut entgegen, wußte ich doch, daß entgegen allen Wetterprognosen bei unserer Fahrt die Sonne scheinen würde. Das tat sie dann auch, ich handelte mir im Oktober einen Sonnenbrand ein. Das hatte der ganze Sommer nicht geschafft. Alles klappte wunderbar, bis wir aus der Schleuse Schlüsselburg kamen. Da versuchte ein Dickschiff uns zu rammen. Wir waren ihm nicht schnell genug, aber unser Boot ist nun mal nicht schneller, und zum Ausweichen war kaum Platz. Ich schrie und schimpfte und geriet völlig aus der Fassung. Der Schiffer störte sich an nichts und kam bedrohlich näher. An seinem Heck stand die Schiffersfrau und zeigte mir einen Vogel. Da war bei mir völlig der Ofen aus. Ich hätte gar nicht mehr zu schreien brauchen, denn das Heck war nur noch einen Meter von unserer Steuerbordseite entfernt. Ich sah uns schon zermatscht in der Weser treiben, zitterte an allen Knochen vor Angst, und mein Mann am Ruder sah auch nicht mehr taufrisch aus. Da fängt der Heini auch noch an, uns über Funk zu beschimpfen und mit der Wasserschutzpolizei zu drohen. Wären wir nicht so fertig gewesen, als er haarscharf an uns vorbeischrammte, hätten wir die Polizei gerufen. Hinterher, als wir uns schlau gemacht hatten, wußten wir, daß er uns nicht an steuerbord überholen durfte. Aber die Schimpfworte, mit denen wir ihn hinterher bedachten, waren nicht von schlechten Eltern. Und das alles war verkehrt. Nicht einen Augenblick hatte ich in dem Gefahrenmoment an unsere Engel gedacht. Schließlich waren drei davon an Bord. Warum hatte ich mich nicht vertrauensvoll an sie gewandt? Wieso war ich so ausgerastet? Und was das Schlimmste war, hinterher hatten wir nicht einmal ein Dankgebet gesprochen, sondern nur den Rest des Tages auf den blöden Schiffsführer geschimpft.

Wenn ich das nun genau überlege, dann habe ich seit dem Tag nicht mehr richtig mit ihm reden können. Aber sind Engel nachtragend? Kann ich mir nicht vorstellen. Ist es eine Prüfung, ob ich auch ohne seine »Aufsicht« zurechtkomme? Ich weiß es nicht. Ich hoffe, daß es nicht zu lange dauert. Ich kann nicht richtig schlafen ohne seinen Gute-Nacht-Gruß. Ich rede mir immer gut zu, er ist ja da, sage ich mir, er verläßt mich ja nicht, das darf er gar nicht. Irgendwann wird er auch wieder mit mir reden. Ich weiß doch, daß er selbst immer viel Spaß an unseren Gesprächen hatte.

Ich gebe die Hoffnung nicht auf.

So wahr mir Gott helfe

Diese Worte hatte unser neuer Bundeskanzler bei seiner Vereidigung weggelassen. Mir standen die Haare zu Berge. Da glaubt wirklich ein Mensch, der ein Volk führen will, er könne das ohne Gottes Hilfe. Ich war unendlich froh, daß Antaares wieder mit mir sprach. Fast sechs Wochen hatte er sich in Schweigen gehüllt. Anfangs war ich beleidigt gewesen, dann hatte ich mir gedacht, daß ihm dieses erzwungene Schweigen bestimmt ebenso auf den Wecker ging wie mir. Und so hatte ich ihn immer wieder angepflaumt. »Na, wie ist es im Trappistenkloster? Wann hängt dir das zum Halse heraus? Wir hatten doch immer so viel Spaß, nicht wahr?« Und dann hörte ich ein zustimmendes »Hmm Hmm!« Ich war glücklich. Wenn ich ihn so weit hatte, war er bald weichgeklopft. Und richtig, als ich voller Entsetzen las, daß nun offensichtlich ein Atheist die Bundesrepublik führte, gab er mir die Erklärung. Das war auch nötig, denn ich war nicht nur entsetzt, sondern auch stinksauer, daß dies höheren Ortes zugelassen worden war.

»Von der Nachkriegszeit bis heute ist es immer bergauf gegangen«, begann er. »Der Gipfel war mit der Wiedervereinigung erreicht. Wenn man aber ganz oben auf einem Berg steht, geht es nach allen Seiten immer bergab. Das ganze Dasein ist immer in Schwingung, es ist immer eine Bewegung, auf und ab, hin und her. Es gibt im ganzen Universum keinen Stillstand. Also kann auch niemand lange auf der Stelle, also auch nicht auf einem Gipfel, verweilen. Die ersten Schritte vorwärts vom Gipfel führen also zwangsläufig bergab. Zunächst merkt es keiner, es ist ja noch nicht steil. Aber dann geht es immer etwas schneller. Wenn der Führer das merkt, bremst er die Talfahrt. Aufhalten kann er sie nicht. In der Zukunft aber liegt ein neuer Gipfel, der bezwungen werden will. Da man aber nicht dahin fliegen kann, muß erst die Talsohle durchschritten werden. Da kann man keinen brauchen, der bremst, dann kommt man ja nie auf den nächsten höheren Punkt. Also wählt man instinktiv jemanden, der die Talfahrt beschleunigt. Je schneller man herunter und durch die Talsohle kommt, um so eher kann man mit dem neuen Aufstieg beginnen.«

»Wie paßt dazu der Satz, ›Ein Volk bekommt immer die Obrigkeit, die es verdient‹? Ist Schröder auch noch eine Strafe?«

»Er erfüllt nur das Gesetz von Ursache und Wirkung. Ein frommes Volk wird auch einen solchen Führer haben, aber bedenke doch, wie die Heranwachsenden in der DDR erzogen worden sind. Wenn sie von Gott hörten, dann doch nur, daß es ihn nicht gibt. Die haben ja auch mitgewählt. Reg' dich doch bitte nicht so auf, vor allem sei nicht so wütend. Dann stänkerst du herum, weil ich nicht mit dir rede. Ich kann es aber nicht, wenn du kochend vor Zorn die Nachrichten hörst; wenn du dich lustig machst über den armen Verteidigungsminister.«

»Ich könnte mich wirklich kringeln vor Vergnügen, ein Mann, der nicht tauglich war für die Bundeswehr, der von Tuten und Blasen keine Ahnung hat, wird Verteidigungsminister. Hihi!«

»Noch einmal so etwas, dann ist wieder Sendepause.«
Ganz streng klang das, aber wenn ich richtig hingehört hatte, war die Strenge doch wohl etwas aufgesetzt.

»War sie nicht! Wenn du wirklich etwas Gutes tun willst, dann bete für die neue Regierung. Ich versichere dir, sonst tut es keiner, aber niemand hat es nötiger.«

Das war ja nun das Letzte, was ich tun wollte. Aber wenn ich an das Wort »liebe deine Feinde, tut wohl denen, die euch hassen« denke, werde ich mich wohl nicht davor drücken können. Die Regierung haßt mich zwar nicht, weil sie mich nicht kennt, würde es aber, wenn sie wüßte, was ich von ihr denke.

»Ich fürchte, dann mache ich aus meinem Herzen eine Mördergrube«, gab ich zu bedenken, »aber ich verspreche dir, ich will es versuchen.«

Diese Zeilen schrieb ich kurz nach der Wahl. Jetzt, ein paar Jahre später, scheint die Talsohle durchschritten zu sein, und über unseren Verteidigungsminister lacht niemand mehr. Vielleicht haben außer mir noch ein paar Leute für die »Obrigkeit« gebetet.

Die Akasha-Chronik

»Wie lange willst du noch jeden Abend nachgrübeln, ob du nun darüber schreiben sollst oder nicht? Nun setz dich schon endlich hin und tu es!« Mein Engel!

»Du hast gut reden. Erstens hat es nichts mit dir zu tun, und dies soll ja ein Engelbuch sein. Zweitens bin ich in Gedanken immer nur bis zu einem bestimmten Punkt gekommen, und dann ging es nicht mehr weiter.«

»Sobald ich mit dir über ein Thema rede, hat es etwas mit mir zu tun. Und denkst du nicht, daß ich dir weiterhelfen werde, wenn du erst am Computer sitzt und schreibst? Fang genau so an, wie du es bei deiner nächtlichen Grübelei getan hast.«

»Einfach so? – Na gut, aber komisch liest sich das bestimmt.«

Käseweiß und zitternd rannte ich zu meinem Mann und klammerte mich hilfesuchend an ihn.

»Um Himmelswillen, was ist los?« Er hielt mich fest, und ich versuchte auszudrücken, was mir passiert war. Wir hatten mit unserer Reisegruppe in Rouen Station gemacht. Wie sich das gehörte, war in dem Besichtigungsprogramm auch der Besuch der Hinrichtungsstätte von Johanna von

Orleans. Die Gruppe versammelte sich um das steinerne Rondell, und die Führerin begann mit dem Vortrag. Da ich jemanden, der spricht, gern ansehe, suchte ich mir eine Stelle, von der aus ich die Sprecherin sehen konnte. Dabei lehnte ich mich an die Steine, auf denen Johanna verbrannt worden war. Aber nur wenige Sekunden. Was dann mit mir passierte, war so grauenvoll, daß ich schreiend davonlief.

Todesangst überfiel mich, fürchterliche Schmerzen fuhren mir durch den ganzen Körper, und mein Herz raste so, daß ich kaum noch Luft bekam. Ich wußte in dem Augenblick, daß ich alles fühlte, was Johanna in diesen Minuten gefühlt hatte.

»Die Steine«, ich stammelte fast, »die Steine wissen alles, nichts ist vergessen. Sie empfinden es heute noch, ich halt es nicht aus. Hilf mir doch!«

Bis zu diesem Punkt war ich in meiner nächtlichen Erinnerung immer gekommen, weiter nicht. Ich weiß nicht, was mein Mann in diesem Augenblick zu mir sagte, auch nicht, wie lange der Schrecken andauerte. Und man kann doch nicht mittendrin aufhören.

»Also, Antaares, wie geht es jetzt weiter?«

»Es ist nicht wichtig, wie es in dem Augenblick weiterging, wichtig ist, warum so etwas passiert. Du hast von der Akasha-Chronik gehört, du weißt, was das ist.«

»Ich weiß, daß alles, was geschieht, in einer Art Universums-Superhirn aufgezeichnet wird, aber wie das geschieht, davon habe ich keine Ahnung.«

»Jetzt kannst du leicht nachvollziehen, was ich dir sage, denn du hast den Beweis an dir selbst erlebt. Jedes Materieteilchen ist in der Lage, Gemütsbewegungen, Gedanken und Taten zu erfassen und zu speichern. Was einmal in sie eingegangen ist, bleibt für alle Ewigkeit. Nichts wird jemals gelöscht. So kann nie ein Gedanke verlorengehen, eine

Tat ungeschehen gemacht werden, die gute und die böse nicht. So kann, wer in der Akasha-Chronik lesen kann und das Gesetz von Ursache und Wirkung kennt, auch in die Zukunft sehen, so wie z. B. Edgar Cacey.«

»Ich kann weder in der Chronik lesen noch in die Zukunft sehen, warum widerfährt mir so etwas?«

»Du wirkst zwar äußerlich durchaus nicht zart, im Gegenteil, aber die sprichwörtliche Mimose ist gegen deine Seele ein Kieselstein. Erinnerst du dich, was der Rutengänger sagte, als er dich sah?«

Ich lachte. »Er blieb wie angenagelt in der Tür stehen, starrte mich an und sagte: ›Mein Gott, was für ein Seelchen.‹ Ich wunderte mich etwas, habe aber nicht weiter darüber nachgedacht. Du meinst also, Menschen mit empfindsamen Seelen können spüren, was die Steine fühlen. Ja, fühlen denn die Steine auch oder wissen sie nur?«

»Es gibt nichts Gefühlloses in Gottes Reich. ER lebt und atmet in allem, was ist, und fühlt auch in allem, was ist.«

»Und alles, was ich einem anderen Wesen, Mensch, Tier, Pflanze sogar Stein, antue, wird notiert und mir später präsentiert? Ich stelle mir einen Steinbruch vor, die Sprengladungen, die die Felswände auseinanderreißen, ist das Leid und Qual für die Steine? Bei dem Gedanken wird einem doch ganz schlecht!«

»Nein, das schmerzt sie nicht. Es ist ja ihre Bestimmung, zum Bauen zu dienen. Aber der Stein, auf dem im Krieg ein Soldat unter Qualen verblutet ist, vergißt das nicht. Und wenn man ihn zermahlt, so behält jedes Atom von ihm im Gedächtnis, was der Mensch gefühlt hat. Jedes Leid, jede Freude, jeder Gedanke und jede gute Tat wird so in Stein, Erde und Pflanze aufbewahrt. Aber auch jedes Unrecht, das ein Mensch tut, wird ›archiviert‹ und ihm irgendwann zur Wiedergutmachung präsentiert.«

Mir gruselte es. Wenn ich daran dachte, wie oft ich jemand anderem, der mich geärgert hatte, Pest und Hölle an den Leib gewünscht hatte, au weh, danach würde es mir doch einmal ziemlich dreckig gehen. Und alle diese Boshaftigkeiten waren säuberlich notiert und blieben für alle Ewigkeit in dem Stück Chronik stehen, das Karina hieß. Wenn man das in der Theorie weiß, ist das völlig anders, als wenn man auf solche Weise damit konfrontiert wird und es als eine unumstößliche Tatsache erfährt. Mir ging sozusagen »der Hintern auf Grundeis«.

»Schadet dir gar nichts, jetzt überlegst du vielleicht erst, ehe du jemanden durch den Kakao ziehst. Oder deine ehemalige Freundin anstänkerst. Aber um das Vergangene brauchst du dich nicht zu sorgen. Man kann es zwar nicht auslöschen, aber die Schulden sind bezahlt. Und alles, was du jetzt noch anstellst, wird dir zum Ausgleichen sofort um die Ohren gehauen.«

Das hatte ich bereits gemerkt. Der letzte Ausrutscher war erst vorige Woche gewesen. Ich litt noch darunter. Aber das ist schon wieder eine andere Geschichte.

Mein erster Vortrag

Nachdem mein Buch »Mein Engel und ich« erschienen war, bekam ich eine Einladung von einer Buchhandlung. Ich sollte einen Vortrag darüber halten. Ich nahm gerne an, setzte mich an den Schreibtisch, um daran zu arbeiten. Fehlanzeige! Mir fiel absolut nichts ein. Jeden Tag saß ich vor einem leeren Blatt Papier, und mein Kopf blieb ebenso leer wie selbiges. Nach einer Woche hatte ich die Nase voll und gab auf.

»Antaares«, stöhnte ich entnervt, »da hast du mir was eingebrockt. Was soll ich denn jetzt machen?«

Wie so oft, antwortete er mit einem Bibelwort: »Wenn sie euch nun überantworten werden, so sorget nicht, was ihr reden sollt, denn es soll euch zu der Stunde gegeben werden, was ihr reden sollt.« (Matth. 10, 19)

»In Ordnung.« Ich war einverstanden. »Aber wehe, wenn du mich hängen läßt!«

Er schwieg. Wahrscheinlich war er etwas beleidigt, weil ich so etwas auch nur zu denken wagte.

Die Wochen flogen schnell dahin. Eines schönen Tages saßen wir im Wagen und fuhren zu besagtem Vortrag. Sechshundert Kilometer lang versuchte ich noch einmal, mir einen Vortrag auszudenken. Ich spürte aber förmlich, wie Antaares vor sich hingrinste nach dem Motto: Was soll der Blödsinn! Ist das Menschenkind so dusselig?

Als ich zum Podium ging, sah mein Mann mich etwas ängstlich an: »Du hast immer noch keine Ahnung, was du sagen sollst?«

So war es. Ich saß da oben, der Saal füllte sich. Er füllte sich so, daß noch Stühle gebracht werden mußten. Endlich schloß sich die Tür, und ich mußte beginnen. Bis dahin war mein Kopf ein totales Vakuum. Ich dachte noch einmal: Antaares fang an!

Und er fing an. Ich begann zu sprechen und redete ohne zu stocken fünfzig Minuten lang. Und der Funke sprang über, meine Zuhörer waren offensichtlich begeistert. Zum Schluß las ich noch das kurze Kapitel über Lady Diana und Mutter Theresa vor. Danach blieb es ganz still im Raum.

Die Diskussionsrunde begann. Es gab sehr viele Fragen, die hier nicht im einzelnen besprochen werden können. Aber zu jeder Frage, die mich sonst schwer in Verlegenheit gebracht hätte, gab mir mein Engel die Antworten ein. Ich brauchte nicht einmal nachzudenken. Das Tollste kam fast zum Schluß. Eine Zuhörerin erzählte mir, sie habe am Morgen ihren Engel gebeten, zu meinem Engel zu gehen, um ihn zu bitten, zu helfen, daß genügend Leute kämen. Sie schloß mit der Bitte, Antaares zu fragen, ob ihr Engel bei ihm gewesen sei. Ich versprach, ihn zu fragen. Von der Buchhändlerin erfuhr ich, daß doppelt so viele Leute gekommen waren, wie sie erwartet hatte. Das freute mich. So waren dann auch mehr Bücher verkauft worden. Mein Füller war leer, als die Signierstunde vorbei war.

Es war spät geworden, als wir endlich im Hotel ankamen und noch ein Bier tranken. Als mein Mann noch einmal nach oben ging und ich allein am Tisch saß, fiel mir die Bitte ein, Antaares nach dem anderen Engel zu fragen. Noch ehe ich eine Frage formuliert hatte, kam die Antwort: »Na, das war ja ein Ding heute morgen. Kommt da auf einmal ein fremder Engel an und sagt mir, ich muß was tun. Hab' ich auch gemacht. War wirklich nett, ihn kennenzulernen!«

Im ersten Augenblick war ich völlig von den Socken. Dann lachte ich los. Was die Leute in der Gaststube von einer Frau hielten, die allein am Tisch sitzt und sich kringelt vor Vergnügen, weiß ich nicht.

Die Taube

Es war Pfingsten, und wir freuten uns auf einen schönen langen Bootstörn. Wir fuhren gegen den Wind nach Westen, und weil es so kräftig blies, wurde es nicht zu heiß. Zur Mittagszeit machten wir in einem Industriehafen fest, was man eben nur an Sonn- und Feiertagen darf, um zu essen. Ich war unten in der Kajüte, als ich oben an Deck ein heftiges Gepolter hörte. Ich sauste hinauf, um zu sehen, was los war. Mein Mann hatte die Backskiste aufgemacht, wühlte darin herum und warf, was er nicht brauchte, auf das Deck.

»Was ist los, was machst du für einen Krach?«

»Da schwimmt eine Taube im Wasser, die ist am Ertrinken, ich suche den Kescher, um sie herauszufischen.«

Ausgerechnet eine Taube! Ich kann die Viecher nicht ausstehen. Es liegt mehr als vierzig Jahre zurück, daß sie mich um den Schlaf brachten. Ich machte damals Schichtarbeit. Wenn ich um ein Uhr nachts nach Haus kam, hatte ich genau drei Stunden Ruhe. Der Nachbar des Hauses, in dem ich möbliert zur Miete wohnte, hatte vierzig Tauben. Mit dem ersten Hellwerden legten die los. Sie saßen sogar auf meiner Fensterbank. Ich stopfte mir Ohropax in die Ohren, zog die Decke über den Kopf, es half alles nichts.

Und von wegen »sanftes Gegurre«, ich kenne keinen aggressiveren Ton, als wenn Tauben loslegen. Das ging fast ein

Jahr lang, bis ich wegzog. Als ich mit meinen Eltern vor zwanzig Jahren in einen Neubau zog, gab es da keine Bäume. Nach und nach wurde die Gegend stärker bebaut, und es wurden Bäume angepflanzt. Als sich die ersten Wildtauben ansiedelten und mich um drei Uhr morgens aus dem Schlaf rissen, bekam ich fast einen Nervenzusammenbruch. Mein Mann bekam einen gehörigen Schrecken, als seine Frau kreischend vor Wut aus dem Haus schoß und mit Steinen nach den Krachmachern warf. Was natürlich auf die Dauer nichts nützte. Die Biester guckten mit schiefgelegten Kopf hinter den Steinen her, die über das Hausdach polterten. Inzwischen bin ich im Besitz einer Schreckschußpistole, Marke »Smith and Wesson«. Wenn jetzt der Krach losgeht, nehme ich die Pistole, gehe auf die Terrasse und ballere los. Nun ist es schon so, daß ich nur hinausgehen und den Arm heben muß, weg sind sie. Und sie kommen auch für ein paar Tage nicht wieder. Und so ein Mistviech (Entschuldigung!) sollte ich jetzt retten. Es half mir alles nichts. Heinz hatte sie herausgefischt und mir das tropfnasse Bündel in die Hand gelegt. Tja, und was tat ich? Ich wickelte sie in ein Badetuch, trocknete sie so weit wie möglich ab, streichelte ihr den Kopf und sagte so etwas wie: »Ach du arme Kleine, was hast du wohl für eine Angst gehabt. Aber jetzt wird alles gut.«

Sie war mehr als mager, aber beringt, also eine Brieftaube.

»Wir müssen jemanden finden, dem wir sie anvertrauen können, wir können sie doch nicht auf dem Boot mitnehmen. Sie müßte zum Tierarzt«, meinte Heinz. Doch wie das anstellen? Während ich den Vogel auf dem Schoß hielt, rief Heinz bei der Wasserschutzpolizei, im Sportbootfahrerjargon Enten-FBI oder Planschbullen, an. Der Beamte amüsierte sich königlich über unser Ansinnen, gab uns aber eine andere Telefonnummer. Das Ende vom Lied war, daß wir nicht weiterfuhren, sondern umdrehten und wieder Richtung

Heimathafen dampften. Wir fanden einen Tierarzt, der die Taube untersuchte und uns kurz und bündig sagte, sie hätte keine Überlebenschance.

»Der Besitzer muß doch wissen, was mit ihr vorgefallen ist, der wartet doch wohl auf sie.« Ich war ärgerlich.

»Haben Sie eine Ahnung. Das ist schon so oft passiert. Das heißt dann nur, wenn eine Taube nicht zum Schlag zurückfindet, kann man sie nicht mehr brauchen, drehen Sie ihr den Hals um.«

Meine blauäugige Meinung, daß jeder seine Tauben liebt, war wohl mehr als falsch.

»Also, ich tue das nicht«, sagte ich wütend zu dem Mann, der ja nichts dafür konnte. »Dann machen Sie das man selber. Aber nicht jetzt …« schrie ich auf, als er die Hand nach der Taube ausstreckte.

»Geben Sie mir den Karton.«

Ich nahm das Badetuch unter dem Vogel weg und reichte ihm den Kasten. Und dann machte ich, daß ich wegkam. Auf dem Rückweg schimpfte ich vor mich hin: »Mußte das blöde Tier ausgerechnet vor unserem Schiff absaufen? Und dann noch alle Mühe umsonst! Wofür haben wir sie bloß aus dem Bach gefischt? Damit der Tierarzt ihr den Hals umdreht. Schöne Scheiße!«

Ich bitte um Entschuldigung für das harte Wort, aber ich sagte es wirklich, und ich will ehrlich schreiben. Während ich so leise vor mich hinstänkernd zum Schiff zurückging, hörte ich innerlich die leise Stimme meines Engels. Ich war aber zu ärgerlich, um zuzuhören. Aber abends, als ich mich etwas beruhigt hatte, hörte ich aufmerksam zu.

»Ob dieser Vogel lebt oder stirbt, ist jetzt nicht wichtig. Wichtig ist, daß du diesen, ja wie soll ich es ausdrücken, diesen kleinen Test bestanden hast. Siehst du, du hast immer gesagt, du würdest jeder Taube, die du in die Finger

kriegst, den Hals umdrehen. Nun, wir haben dir die Gelegenheit gegeben. Und was tust du? Nicht nur hätschelst du
das ach so gehaßte Tier, nein, ihr fahrt auch noch zurück,
um Hilfe für sie zu finden. So kann man feststellen, ob es
einem Menschen ernst ist mit dem Versprechen, Gott über
alles zu lieben. Denn die Liebe zu Gott offenbart sich in der
Liebe zu seinen Geschöpfen. Mensch oder Tier, Pflanze oder
Stein. Guck nicht so erstaunt, daß auch Steine eine Seele
haben, weißt du, seit du an der Richtstätte der Jungfrau von
Orleans warst.«

Ich dachte eine Weile über das Gehörte nach. Und hatte
prompt ein Gegenargument: »Heute morgen hat mich eine
Zecke am Fuß erwischt. Sag, hätte ich liebevoll zugucken,
wie sie sich an mir vollsäuft, sie dann behutsam abnehmen
und ins Grüne zurücktragen sollen?«

»Kennst du das elfte Gebot?«

»Nein«

»Du sollst deinen Engel nicht veralbern!«

Ach so!

Ballonfahrt

Wie hartnäckig halten sich alte Verhaltensmuster und Denkweisen in einem Menschen. Das mußte ich erfahren, als wir gestern Abend von einer Ballonfahrt zurückkamen. Vor dem Einschlafen sagte ich: »Antaares, jetzt war ich einmal mit dir in deinem Element, hoch oben über der Erde. Ist so die Erde aus deiner Sicht?«

»Bist du jetzt ganz verrückt geworden?«

»Aber, aber – was ist los? Was ist so verrückt an der Frage? Und überhaupt, was soll der Ton?«

»Ich habe wirklich geglaubt, du hättest inzwischen eine Vorstellung davon, wer und was wir sind! Aber du scheinst immer noch zu glauben, daß wir flügelschlagend vom Himmel kommen. Ich fasse es nicht.«

Wir waren fünf Personen in dem Ballonkorb, und tatsächlich hatte ich mir die fünf dazugehörigen Schutzengel um den Ballon schwebend vorgestellt.

»Flügelklatschend wie deine fetten Holztauben zu Hause, was?«

»Nein, schon eher majestätisch wie ein Bussard, der sich nur auf der Thermik nach oben schraubt«, ging ich nun auf seinen Ton ein. »Es ist aber nicht leicht, von dem Kinderglauben loszukommen. Hilf mir doch mal.«

»Ich bin ein Funke der göttlichen Liebe, der jedem Menschen in sein irdisches Dasein mitgegeben wird. Ich werde zum Licht und zur Flamme durch deine Liebe zu Gott. Kapiert?«

»Weißt du was Antaares? Mit dir macht sogar das Streiten Spaß.« Da hatte ich ihn! Ich fühlte sein Lächeln und sagte: »Komm schon, mein Funke, sei nicht mehr ärgerlich. Nimm mich in den Arm, ganz fest, daß ich mich einkuscheln kann.«

Und ich fühlte eine sanfte Wärme, und in meinem Kopf klang es zärtlich: »Schlaf gut, mein Liebes!«

Der Härtefall

Ein Mensch, den ich liebte und dem ich vertraute, hatte mir nach allen Regeln der Kunst vor den – »Halt, sprich das nicht aus, was du eben gedacht hast oder schreiben wolltest, das will ich nicht hören!«

Antaares funkte kräftig in meinen Zorn hinein, dem ich eben mit einer sehr drastischen Äußerung Luft machen wollte.

»Warum nicht? Alle andern Worte kommen mir viel zu schwach vor, wie etwa ›gekränkt‹, ›enttäuscht‹ oder ähnlich schwachbrüstige Ausdrücke. Ich schreibe ihn eben nicht aus, den Rest kann sich jeder denken. Das Miststück hat mir vor den Koffer gesch…, und das nach allen Regeln der Kunst. Und um nicht dauernd zu heulen, bin ich eben wütend.«

»Es wäre besser, du würdest darüber nachdenken, warum sie es getan hat. Glaubst du wirklich, du seiest ganz unschuldig daran?«

»Was habe ich denn getan? Ich wollte ihr doch nur weiterhelfen!«

»Quatsch«, sagte mein Engel. »In Wirklichkeit konntest du dich nicht von deinem Platz trennen, den du siebenunddreißig Jahre ausgefüllt hast. Du hast sie zwei Jahre ausgebildet und dich gesonnt in ihrer Bewunderung. Jetzt ist sie fertig, und wenn du zu dusselig bist, um zu merken, wie sehr sie es jetzt haßt, daß du immer noch hinter ihr stehst und sie auf Fehler aufmerksam machst, ist das allein dein Fehler. Außerdem ist sie zu jung und zu undiplomatisch, um es dir anders beizubringen als mit dem Holzhammer. Du weißt auch ganz genau, daß du dir mit dem Zorn nur selbst schadest.«

»Was glaubst denn du, was ich mir die ganze Zeit schon selbst vorerzähle? Daß du nichts anderes sagen würdest, war mir schon klar. Aber wenn du es sagst, wirkt es vielleicht besser. Ich versuche, in Freundlichkeit an sie zu denken, aber innen drin ist alles hart und kalt. Was kann ich bloß tun?«

»Daran denken, daß es eine Prüfung ist, wie weit du wirklich gewillt und in der Lage bist, Jesus nachzufolgen. Wenn dein Leben problemlos und ohne jeden Stolperstein verliefe, wie willst du weiterkommen auf deinem Wege? Du weißt auch, je weiter du bist, um so härter werden die Tests. Hast du wirklich geglaubt, du könntest auf der lauen Welle der letzten Jahre bis an dein seliges Ende weiterschwimmen? Jemandem zu vergeben, den du nicht mehr wiedersehen mußt, wie deine Schwester, ist leicht. Aber jemandem vergeben, dem man ständig wiedertrifft, *das* ist ein Härtefall. Hast du nicht einmal eine Sache aus einer Zeitung ausgeschnitten und dir auf den Schreibtisch gelegt? Das sind genau die Worte, die du dir jetzt immer wieder vorsagen mußt. Am besten, du schreibst sie hier noch einmal ab!«

Mir waren schon fast wieder die Tränen gekommen. Nach so vielen Jahren, in denen ich mich bemüht hatte, meine Aggressionen loszuwerden, ein solcher Wutanfall. Ich hatte das Gefühl, nicht ein bißchen weiter gekommen zu sein. Auch die Worte aus der Zeitung, die ich ausgeschnitten hatte, hatten mir in diesem Fall nicht geholfen. Wenn mein Engel meint, ich solle sie hier aufschreiben, hier sind sie:

Gott sagt mir: »Du kannst es dir leisten, demütig zu sein, denn du bist eine Persönlichkeit und weißt um deinen Wert. Du kannst es dir leisten, sanftmütig zu sein, denn du kannst deinen Drang nach Vergeltung an mich abgeben. Ich kann mit Rache besser umgehen als du.« Gott läßt mich wissen: »Du bist in meiner Hand. Und wenn du mir vertraust, dann wird dich das auch in deiner miserablen nervlichen Verfassung und mit den verheerenden Blutwerten gewiß und ruhig machen.« Vielleicht sagt er dem einen oder dem anderen: »Dein Herz ist fester geworden, du darfst dich darüber freuen.« Mich ließ er in einem besonders schweren Augenblick hören: »Sei du jetzt ganz still. Ich erledige das für dich!«

Ich weiß nicht, wer diese Worte geschrieben hat, noch, in welcher Zeitschrift oder Zeitung sie gestanden haben. Sie gefielen mir so gut, daß ich sie seitdem auf meinem Schreibtisch liegen habe. Schon sehr lange. Sollte die Schreiberin dieser Zeilen dies Buch lesen, so danke ich ihr auf diesem Wege von Herzen.

Einige Wochen später hatte es meine Nachfolgerin mit Intrigen geschafft, daß man mich per Fax vor die Tür setzte. Seitdem drehen sich in meinem Kopf die Sätze: »Ich aber sage euch: Liebet eure Feinde; segnet, die euch fluchen; tut wohl denen, die euch hassen; bittet für die, so euch beleidigen und verfolgen.« (Matt. 5, 44)

Aber ich schaffe es nicht!

Antaares tröstet mich zwischendurch und meint, daß es irgendwann schon noch klappen würde. Ich sei ja lernfähig.

Es gibt keinen Tod

»Antaares, wenn du willst, daß ich diese Dinge aufschreiben soll, dann hilf mir bitte. Ich habe jetzt zweimal das ganze Geschreibsel wieder gelöscht, weil nichts Vernünftiges dabei herauskommt. Erstens liegt es schon lange zurück und zweitens hat es auch nichts mit dir direkt zu tun. Wenn sich aber jeden Abend das Thema in meinem Kopf dreht, gehe ich davon aus, du möchtest es aufgeschrieben haben. Also, fang an zu diktieren, wenigstens den Anfang!«

»Du stellst dich an, als hättest du noch nie einen ordentlichen Satz geschrieben. Was du da eben wieder gelöscht hast, war wirklich ziemlicher Mist. Und jetzt schreibst du folgendes: Ruth und ich kannten uns seit der Kindheit. Später verloren wir uns aus den Augen. Nach fünfundzwanzig Jahren erschien sie wieder in unserer Stadt. Sie war geschieden und hatte fünf Kinder. Die beiden Ältesten blieben beim Vater, ein Zwillingspaar, Richard und Franz, und ein Mädchen kam mit ihr.

Kommst du jetzt allein weiter? Oder muß ich dir noch mehr vorsagen?«

»Nein, ich danke dir, nun kann ich weiterschreiben.«

Ruth begann zu trinken. Und sie entwickelte eine Affenliebe zu Franz. Um Richard kümmerte sie sich wenig, etwas mehr um ihre Tochter. Franz wurde verhätschelt, Richard meistens angemeckert. Wir verstanden das nicht und regten uns auf. Sprach man sie darauf an, wurde sie böse und schimpfte auf Richard. Dann starb Franz mit siebzehn Jahren, Ruth verlor jeden Halt. Meistens war sie irgendwo im Ausland. Wenn sie in der Stadt war, hockte sie auf dem Friedhof oder in einer Kneipe. Zwei Jahre später war sie tot. Von den Kindern sah und hörte ich nichts mehr.

Nach etwas über einem Jahr dachte ich nicht mehr an diese traurige Geschichte. Darum war ich mehr als erstaunt, als ich eines Abends im Halbschlaf Ruths Stimme hörte, die meinen Namen rief. Zuerst dachte ich, ich hätte geträumt. Ich öffnete die Augen und sah mich im Zimmer um. Ich war wach und hörte immer noch die Stimme. Sie klang verzweifelt und todunglücklich. Ich kroch unter die Decke und zog sie über die Ohren. Es half nichts.

»Was willst du?« fragte ich schließlich. Eigentlich erwartete ich keine Antwort, aber sie kam, kam wie ein Sturzbach. Was Ruth von mir wollte, war nichts weniger, als daß ich zu Richard gehen und ihn in ihrem Namen um Vergebung bitten sollte. Sie sei drüben angekommen und sei von ihrem Franz abgewiesen worden. Sie hätte jetzt alles eingesehen, was für ein Unrecht sie Richard zugefügt hatte, und sie würde erst Ruhe finden, wenn er ihr vergeben könnte.

Ich war entsetzt. Zu einem Neunzehnjährigen gehen, den ich kaum kannte, der sich mit Sicherheit nicht an mich erinnerte, und eine Botschaft aus dem Totenreich überbringen? Davon abgesehen – ich hatte keine Ahnung, wie ich den Jungen finden sollte.

Es half mir alles nichts. Jede Nacht das gleiche Theater. Wenn ich meine Nachtruhe wiederhaben wollte, mußte ich tun, was sie verlangte. Also begann ich, Erkundigungen einzuziehen und bekam dann seine Telefonnummer. Ich bat ihn, mich zu besuchen. Muß ich jemanden erklären, wie blöd ich mir vorkam? Der junge Mann kam, und ich richtete meine Botschaft aus. Er verzog keine Miene und sagte nichts dazu. Er fragte auch nichts, sondern stand auf, bedankte sich höflich und verschwand.

Erwartungsvoll kroch ich am Abend ins Bett und erwartete natürlich ein Dankeschön oder überhaupt irgend ein Wort.

Nichts!

Ich hörte sie nie wieder. Und das hat mich denn auch frustriert.

Einige Monate später, oder waren es einige Jahre, starb unser lieber Freund Gustav. Wir haben ihn sehr geliebt, und ich bin dankbar, daß ich ihm hier ein kleines Denkmal setzen darf. Gustav gehörte zu unserem Meditationskreis. Er muß so zwischen siebzig und achtzig Jahre alt gewesen sein. Immer gut gelaunt, strahlte er Wärme und Fröhlichkeit aus, so daß man sich in seiner Gegenwart einfach wohlfühlte. Er war mindestens ein Meter neunzig groß, und wenn ich schätzen sollte, wieviel er wog, so würde ich nicht unter hundertfünfzig Kilo gehen. Wenn ich seine Größe bedenke, könnte es auch noch mehr gewesen sein. Wir haben ihn damit manchmal ein bißchen aufgezogen, wenn wir ihn fragten, ob sein Schneider Wegzehrung mitnähme, wenn er sich aufmacht, die Taille zu messen. Er nahm nichts übel.

Einige Tage nach seiner Beerdigung ging ich mit meinem Hund durch den Wald und dachte an Gustav.

»Ich hoffe sehr, daß du glücklich bist«, sagte ich leise vor mich hin. Und dann war da seine Stimme, unendlicher Jubel klang hindurch, (der unendliche Jubel hört sich ja wirklich etwas melodramatisch an, aber ich kann es einfach nicht anders ausdrücken).

»Liebes, es ist herrlich, es ist nicht auszudrücken, wie schön es ist, so leicht zu sein. Diese entsetzlich vielen Pfunde! Paß bloß auf dich auf, daß du nicht dick wirst. Erst jetzt weiß ich, wie ich darunter gelitten habe. Ich bin leicht wie eine Feder!«

Ich stellte mir Gustav vor, wie er durch die himmlischen Gefilde schwebte, ledig seiner Last und voller Freude.

Beim Abendessen verzichtete ich leichter auf die zweite Schnitte Brot, denn seit ich mit dem Leistungssport aufgehört hatte und in die Wechseljahre gekommen war, nahm ich zu, ohne einen Happen mehr zu essen als vorher.

»Du nimmst schon zu, wenn du das Wort ›Brotrinde‹ schreibst und dich dann auf den Zettel setzt«, frotzelte mein Mann. Ich erzählte ihm von dem federleichten Gustav, und er freute sich mit mir. Seitdem kann ich mit meinem ständigen Hunger besser umgehen.

Ein berühmter evangelischer Theologe kam in unsere Stadt. Ich hatte mit großer Begeisterung alle seine Bücher gelesen und ging selbstverständlich in seinen Vortrag. Der Mann war einfach wunderbar. Er schlug das Publikum vollkommen in seinen Bann. Ich saß ziemlich weit vorne, konnte ihn gut sehen. Nicht nur intelligent und humorvoll, dachte ich, auch noch charmant und unverschämt gutaussehend. Ich wußte, kaum jemand war wie er im In- und Ausland mit Ehren überhäuft worden. Wo immer er predigte, faßte die Kirche die Masse der Zuhörer nicht. Aber je länger ich ihn anschaute und ihm zuhörte, um so verwirrter wurde ich. Immer deutlicher sah ich, daß die Aura, die ihn umgab, nicht Demut, sondern Stolz war. Stolz auf alles, was er geleistet hatte, stolz auf seine Ehrungen, seine Berühmtheit. Natürlich kann man stolz sein, wenn man sein Lebenswerk so wunderbar vollbringt. Aber ein Mann wie er mußte demütig bleiben dabei, denn wer mußte besser wissen als er, daß es heißt: Was hülfe es dem Menschen, wenn er die ganze Welt gewönne und nähme doch Schaden an seiner Seele? (Mt. 16,26) Aber zugleich spürte ich auch, daß es ihm selbst nicht bewußt war, was die Lobreden der ganzen Welt seiner Seele angetan hatten.

Als ich vor ihm stand, um mir sein neues Buch signieren zu lassen, sah er auf. Unsere Blicke trafen sich, hielten sich fest. Und in diesen Bruchteilen von Sekunden sahen wir einander bis in die Seele. Etwas wie Furcht flackerte kurz in seinen Augen auf, dann war alles vorbei.

»Oh weh, du Armer«, sagte ich zu mir am Abend, »du wirst dich wundern, wenn du drüben ankommst.«

Zwei Monate später war er tot. Ich dachte oft an ihn, wie es ihm wohl ging, und ob er, wie andere vor ihm, sich bei mir melden würde. Doch es kam nichts. Da hielt ich es eines Tages nicht mehr aus. Vor dem Einschlafen begann ich intensiv, immer wieder seinen Namen zu denken, immer wieder zu fragen, wie es ihm ginge. Und siehe da, eines abends kam Antwort. Die Worte kamen leise und gequält, kaum zu verstehen, wie von unterdrücktem Schluchzen übertönt. Es war genauso gekommen, wie ich befürchtet hatte. Seine Erwartung, im Himmel mit dem gleichen Pomp empfangen zu werden, wie hier auf Erden, hatte sich nicht nur nicht erfüllt, sondern war für ihn zu einem Horrorszenarium geworden. Er saß in Dunkelheit und mußte immerfort in sein eigenes Innere blicken und zu seinem Entsetzen feststellen, daß es da auch nicht viel heller war. Er bat um Hilfe. Ich fragte, was ich tun könnte für ihn. Als er es mir sagte, war ich einen Augenblick sprachlos. Ich sollte zu unserem katholischen Pfarrer gehen und eine Messe für ihn lesen lassen. Und wenn ich mir nicht meine Nächte um die Ohren schlagen wollte, mußte ich tun, was er von mir erbat. Mit sehr gemischten Gefühlen suchte ich den Pfarrer auf und bat um eine Seelenmesse. Als er hörte, für wen, erstarrte er. Das könne er nicht tun, da würde er große Schwierigkeiten bekommen.

»Was glauben Sie, was ich für Schwierigkeiten bekomme, wenn Sie das nicht tun? Und erst der Verstorbene? Können Sie das verantworten?«

Er dachte eine Weile nach.

»Ich werde die Messe lesen«, sagte er dann, »aber ich werde nicht, wie sonst, den Namen laut verkünden. Wenn ich ihn nur flüstere, Gott wird ihn hören.«

Ich verließ ihn erleichtert und hörte auch nichts mehr. Nach ein paar Monaten fragte ich, wie es ihm ginge. Es kam keine Antwort. Ich ließ nicht locker, und nach einigen Abenden sagte eine Stimme, daß er sich nicht melden könne, er sei sozusagen in Klausur.

»In einem stillen Kämmerlein zur Aufarbeitung?«

»So ähnlich, er läßt dich grüßen und dir danken. Es geht ihm besser.«

Dies geschah alles zu einer Zeit, als ich von meinem Engel noch keine Ahnung hatte. Ich wollte wissen, ob er da auch schon mitgemischt hatte.

»Na wie denn, wenn nicht über mich, sollten die Leute dich sonst erreichen? Ich spielte den Telefondraht in deinen Kopf. Sonst hätte das nie geklappt.«

»Und warum bitte, kriege ich keinen Kontakt zu meinen Eltern?«

»Du hast sie nicht lieb genug gehabt!«

Peng!

Ich war wie vor den Kopf geschlagen. Entsetzt stellte ich fest, daß das sogar stimmen konnte. Mir wurde ganz elend.

»Reg' dich nicht auf, das beruhte auf Gegenseitigkeit. Sie haben auch manchmal gedacht, du seiest ein Wechselbalg.

Sie haben dich bevormundet, an die Wand gedrückt, ja sogar erpreßt, du weißt schon noch wie. ›Wenn du nicht das und das tust, kriegt Vater wieder einen Herzanfall.‹ Und das bei jeder Gelegenheit, wenn ihnen etwas nicht in den Kram paßte. Und du ließest alles mit dir machen. Manchmal war ich drauf und dran, mich aufzuregen, aber ich wußte ja, warum sie das taten.«

»Und warum, bitte?«

»Unterbewußt fühlten sie, daß du die stärkere Seele warst. Du hattest damals schon mehr Licht, als sie vertragen konnten. Und da beide Seiten eigentlich Siegertypen waren, war das für sie, obzwar unbewußt, darum ein um so härter geführter Überlebenskampf.

Nur Seelen, die auf gleicher Wellenlänge sind, können auch in anderen Dimensionen zueinanderfinden. Du brauchst keinesfalls ein schlechtes Gewissen zu haben.«

Oft schon hatte ich mich gefragt, ob ich ein Gefühlsmonster sei, da ich bei dem Tode meiner Eltern keine Trauer empfunden hatte. Ja, als mein Vater starb, war ich mehr als erleichtert. Seine letzten Jahre, gezeichnet von Krankheit, waren für mich eine Hölle gewesen. Als ich meine Mutter pflegte, fand ich eher Zugang zu ihr als vorher, da hatte ich sie lieb. Aber richtig angefangen zu leben, ich selbst zu sein, das begann erst, als ich nicht mehr immer aufpassen mußte, ja kein falsches Wort zu sagen, nicht mehr immer zur Verfügung stehen mußte. Ich konnte nicht einmal das anziehen, was ich wollte. Ich war damals dreißig Jahre alt. Man könnte jetzt sagen, warum ist sie nicht abgehauen. Das konnte ich nicht, denn Vater war schon krank und ich führte die Firma. Ohne meine Hilfe hätten sie in kurzer Zeit auf der Straße gestanden. Hätte das ein Kind getan?

Diese Vergangenheit hat mich immer gequält: Erst jetzt, als Antaares mir alles erklärte, fiel eine Last von mir ab.

»Dann brauche ich den Eltern auch nicht mehr böse zu sein. Wahrscheinlich konnten sie wirklich nicht anders. Dafür ist es jetzt um so schöner.«

»Wir mußten dich auch dort festhalten, sonst hättest du doch deinen Mann nicht kennengelernt. Und er ist doch, wie du dich auszudrücken pflegst, extra nur für dich gebacken.«

Und das ist er wirklich.

Als ich diese Geschichte geschrieben hatte, las ich sie noch einmal durch, um Schreibfehler zu verbessern. Ich machte ein ziemlich dummes Gesicht, als ich feststellte, daß in einigen Zeilen Zeichen aufgetaucht waren, die ich noch nie gesehen hatte. Ich löschte sie und schrieb den Satz noch einmal hin, der vorher an Stelle dieser ominösen Zeichen gestanden hatte. Aber wie erschrocken war ich, als bei nochmaliger Prüfung die gleichen Zeichen wieder aufgetaucht waren, nur an einer anderen Stelle. Auch dort war das vorher Geschriebene verschwunden. Während ich noch ratlos auf den Bildschirm starrte, kam mein Mann nach Hause, sah mein entsetztes Gesicht und fragte, was los sei.

»Was hast du denn da gemacht? Geh mal weg, ich mach das schon.«

Ja, und nach drei Stunden saß er immer noch da, sein Gesicht in tiefe Falten gelegt, und bekam es auch nicht in den Griff. Ich schlich mich sozusagen in mein Kämmerlein, um Antaares zu konsultieren.

»Hat sich eventuell der Professor eingeschlichen, weil er nicht will, daß ich das schreibe? Oder sonst irgendein Geist, dem das nicht paßt?«

»Nein, du hast keinen Geist im Computer.«

»Was ist es denn, verflixt noch mal?«

»Das weiß ich doch nicht, im Himmel gibt es keine Computer.«

Damit konnte ich meinen Mann nun kundtun, daß der Fehler im Rechner lag. Verbissen kämpfte er sich durch sämtliche Programme. Er brauchte zwei volle Tage um herauszufinden, daß es das Jahrtausendproblem war, was sein MS-DOS Systemprogramm nicht verarbeiten konnte. Dabei hatte er vorher lautstark verkündet, er hätte alles umprogrammiert.

Aber die Bemerkung von meinem Engel, daß es im Himmel keine Computer gibt, hat ihn dann etwas aufgeheitert. Ich habe mich köstlich amüsiert.

Schocktherapie

»**W**arum gehen auf einmal alte Beziehungen kaputt? Warum will auf einmal jemand nichts mehr von mir wissen, dem ich nichts getan habe?« So fragte ich Antaares, nachdem ich mich von dem Schock erholt hatte, den mir meine »Freundin« versetzt hatte. Ich war mit dem Rad gestürzt und kurz vor einem Kreislaufkollaps, als sie am Schauplatz des Geschehens auftauchte. Es kümmerten sich schon ein paar Leute um mich. Sie hätte nicht mehr viel zu tun brauchen, aber als sie nur stehenblieb, von oben herabgriente und sagte: »Was hast du denn gemacht?« und achselzuckend weiterging, war ich entsetzt. Bei anderen Leuten pflegte sie mich als ihre beste Freundin zu bezeichnen, und wenn wir uns auch nicht mehr so oft sahen wie früher, hatte ich ihre Antwort, sie habe in ihrem Job zu viel zu tun, geglaubt. Mit kleinen Zweifeln, zugegeben. Nun mußte ich der Wahrheit ins Gesicht sehen. Es schien ihr ja sogar Vergnügen zu bereiten, mich hilflos auf der Erde zu sehen. »Warum nur?« wollte ich von Antaares wissen.

»Wenn du mit aller Gewalt nicht sehen willst, was sich vor deinen Augen abspielt, alle Winke mit dem Zaunpfahl von ihr ignorierst, muß ich eben zur Schocktherapie greifen. Denn wenn du es genau überlegst, hat sie dir schon ein paar

Mal zu verstehen gegeben, daß sie nicht mehr deine Freundin ist. Aber du kapierst es nicht, oder besser, du willst es nicht wahrhaben. Ich hoffe, du bist geheilt und läufst ihr nicht mehr nach.«

»Daß es so ist, habe ich begriffen, aber ich will wissen, warum – warum?«

Am liebsten hätte ich ihn angeschrieen, aber man schreit seinen Engel nicht an.

»Hat sich aber so angehört. Ich verstehe nicht, warum du nicht von allein darauf kommst.«

»Wenn es wegen meiner Ausstrahlung oder Aura ist, du liebe Zeit. Wir kennen uns jetzt vierzig Jahre, da müßte sie sich doch gewöhnt haben.«

»Meine liebe Karina ...« Jetzt fuhr ich doch zusammen, sonst sagte er immer »liebes Kind« oder einfach »Kind« zu mir, und nun auf einmal mein Name?

»Damit du besser zuhörst«, beantwortete er meine Gedanken. »Vierzig Jahre kennt ihr euch – na und? Sie hat weder Meditationstechniken, noch ist sie so gläubig wie du. Es sind deine Schwingungen, die nicht mehr zu ertragen sind für sie. Deine haben sich erhöht im Laufe der Jahre, und ihre sind gröber geworden. Wie du bemerkt hast, haben sich in letzter Zeit auch einige Nachbarn etwas zurückgezogen. Es ist doch so: Wer in dein Schwingungsfeld gerät, dessen Schwingungen werden automatisch auch erhöht. Das empfinden manche Menschen als beängstigend. Aus der Angst entwickeln sich Aggressionen. Das alles läuft völlig im Unterbewußtsein ab. Wenn man sie fragen würde, käme wahrscheinlich die Antwort: »Keine Ahnung, aber ich kann sie eben nicht mehr ausstehen. Ausstehen bedeutet in diesem Fall standhalten. Sie halten dem Anprall von dir nicht mehr stand, sie müssen sich zurückziehen. Ist das so schwer zu kapieren?«

Ich begann zu grübeln. Im Augenblick fielen mir tatsächlich außer meinem Mann nur drei Personen ein, die sich in meiner Gegenwart wohlzufühlen schienen: Eine achtzigjährige Frau, kaum Schulbildung, die ein sehr schweres Leben hatte und noch hat, die sehr gläubig und hilfsbereit ist, bis an die Grenzen ihrer Belastbarkeit.

Die andere eine Freundin, die vor Jahren in eine andere Stadt gezogen ist, aber immer wieder kommt, dann bei uns wohnt und sich wie zuhause fühlt. Die glaubt nicht an Schutzengel, wahrscheinlich auch nicht an Gott und hat so ziemlich der ganzen Menschheit den Krieg erklärt. Superintelligent ist sie und aus piekfeinem Hause.

Die Dritte ist meine Mitarbeiterin in meinem Job, die ich als meine Nachfolgerin ausbilde. Glaubt an Gott, an Schutzengel und sieht in mir das Nonplusultra einer Ausbilderin.

»Wenn ich das so überdenke, dürfte doch meine intelligente Atheistin mich erst recht nicht ertragen. Dabei habe ich das Gefühl, sie hat eine ebenso starke Schwingung.«

»Die Intensität der Schwingung eines Menschen hängt weder von seinem Glauben noch von seinem Intellekt oder gar seiner Bildung ab!«

»Wovon dann?«

»Von der Persönlichkeit, die er in sich trägt, wie er seine Lebensaufgabe meistert, wieviel Ehrlichkeit er im Umgang mit anderen Menschen hat und, am wichtigsten, wieviel Liebe er zu vergeben hat, an wen auch immer.«

Stumm überdachte ich diese Kriterien. Lebensaufgabe meistern, hatte meine intelligente Atheistin das getan? Gescheiterte Ehe, Studium nach der Scheidung abgebrochen, womit und ob sie Geld verdiente, wußte ich nicht. War das »gemeistert«? Antaares seufzte.

»Kind«, – ach, jetzt wieder Kind? Ich mußte es mir merken. Bei meinen Eltern war es so, daß ich »Häschen« war, falls ich lieb war. Waren sie ärgerlich, weil ich ungezogen war, kam mein Vorname, und wenn ich sie richtig wütend gemacht hatte, war ich das verdammte Blage. Dann setzte es meistens eine Ohrfeige. Na, so etwas konnte ich mir ja jetzt nicht mehr einhandeln, – »obwohl es manchmal ganz angebracht wäre.«

»Also, bitte ...«

»Halt den Mund und hör zu! Du solltest es doch wirklich besser wissen. Du mißt mit dem Maßstab Erfolg und Geld. Du hast doch keine Ahnung von ihrer Aufgabe. Wenn du meinst, eine Lebensaufgabe sei gemeistert, wenn man viel Geld verdient, eine gesicherte, möglichst gehobene Position erreicht hat, wenn du das wirklich meinst, bin ich doch sehr enttäuscht.«

»Ich habe immer nur zusehen müssen, wie bei ihr alles in die Binsen ging«, verteidigte ich mich. »Ich habe ihr so sehr gewünscht, daß sie mit ihrer Strampelei Erfolg hat. Es ist eben so, daß man die Menschen an ihren äußeren Erfolgen mißt. Im Grunde weiß ich, daß das falsch ist, aber es sitzt eben so drin.«

»Die Lebensaufgabe meistern heißt, daß die Seele den Weg gehen muß, den sie als ihre Aufgabe erkannt hat. Das hat mit Äußerlichkeiten nichts zu tun. Es ist ein harter Kampf mit dem, was man möchte, und dem, was man soll. Du bist alt und hast die Kämpfe hinter dir. Ich rate dir, vergiß sie nicht, wenn du andere beurteilst.«

»Mußt du mich immer so herunterputzen, daß ich in keinen Handkoffer mehr passe, wenn ich wieder einmal falsch gedacht habe? Manchmal bist du schlimmer als Eltern und Lehrer zusammen.«

»Da du sonst keinen mehr hast, der dir die Flötentöne beibringt, bleibt das nicht aus. Aber ...«, seine Stimme wurde sanft und zärtlich, »ich habe dich so lieb, wie alle andern zusammen.«

Der letzte Satz genügte. Ich hockte in der Sofaecke und weinte.

Gedanken

Ich war traurig. Eine langjährige Freundschaft war nun zerbrochen. Ich wollte ihre Freundschaft nicht zurück, aber ich begann, sie mit guten Gedanken und Licht zu bombardieren. Vor dem Einschlafen betete ich zugleich für Menschen, die bitterböse auf mich waren, zum Beispiel meine Schwester.

»Bitte, Antaares, schicke ein paar sanftmütige Engel zu ihr, die ihren Zorn besänftigen können, bitte!«

»Das ist doch gar nicht mehr nötig«, gab mein Engel zurück.

Ich seufzte. »Das verstehe ich mal wieder nicht. Du willst mir doch nicht weismachen, daß sie keine Wut mehr auf mich hat.«

»Nein, will ich nicht. Was du aber wissen mußt, ist, daß sich deine Gebete und gute Gedanken in Engel verwandeln, die bei ihr ankommen.«

»Willst du damit sagen, daß ich dich dafür gar nicht brauche?«

»Ganz genau genommen nicht, aber ich kann die Engel in ihrer Arbeit unterstützen und sie zu dir zurückbringen. Es gibt bei euch ein Sprichwort: Wie man in den Wald hineinruft, so schallt es wieder heraus. So ist es auch mit den Gedanken. Sendest du gute Gedanken aus, werden sie Engel und kommen wieder zu dir. Sendest du böse Gedanken aus, verwandeln die sich in Dämonen, auch die kommen zu dir zurück und bringen das Böse mit.«

Unverzüglich begann ich zu grübeln, wem ich in letzter Zeit Pest und Hölle an den Hals gewünscht hatte. Keinem, den ich kannte, aber den Männern, die Kinder mißbraucht und ermordet hatten, oh ja, keine Strafe der Hölle erschien mir hart genug dafür. Als ich dann noch das Strafmaß gehört hatte, war ich fast ausgeflippt und hatte dem Richter gewünscht, daß solches seinem eigenen Kind widerfahren sollte, um das Leid der Eltern nachzuempfinden.

»Ich kann dich verstehen. Aber du weißt auch, daß du nicht richten darfst. Denn es steht geschrieben ...«

Ich fiel ihm ins Wort, unhöflich und ungeduldig: »›Denn wir kennen den, der gesagt hat‹ (Hebr. 10, 30,31) und ›Die Rache ist mein, ich will vergelten und abermals: Der Herr wird sein Volk richten. Schrecklich ist's, in die Hände des lebendigen Gottes zu fallen‹ (5. Mose, 32,35,36,). Weiß ich wohl, aber zeig mir einen Menschen, der das ruhig und aus vollem Herzen sagen kann!«

»Hast aber dann ganz genau in deiner Konkordanz nach-geguckt, wo das steht, was ich sagen wollte, damit du es auch wörtlich zitieren kannst. Manchmal habe ich das Ge-fühl, nicht nur ich kann deine Gedanken lesen, sondern du weißt auch immer schon, was ich sagen will.«

»Es sind fast zehn Jahre, seit wir miteinander reden, wenn ich dann noch nicht begriffen hätte, worum es geht, wäre ja wirklich Hopfen und Malz bei mir verloren. Es gibt aber be-stimmte Dinge, die werde ich in diesem Leben wohl nicht mehr lernen.«

»Gib die Hoffnung nicht auf, du hast noch Zeit zum Ler-nen.«

Eigentlich wollte ich wirklich nichts mehr sagen, aber da hörte ich mich murmeln: »Dein Wort in Gottes Gehörgang!«

Antaares holte Luft, als wollte er antworten, überlegte es sich anders und machte den Mund wieder zu.

Das hört sich jetzt so an, als könnte ich ihn sehen. Nein, kann ich nicht, aber seine Reaktionen spüre ich so genau, als wenn ich ihn sehen könnte.

Plastiktütenpech

Endlich Ferien! Gelöst und vergnügt legten wir mit unserer »Binz« ab. Es ging in die Ostsee zum Segeln. Das Wetter ließ zwar zu wünschen übrig; ich erzählte allen Leuten, daß ich mit Sicherheit einen Weltrekord gebrochen hätte, und zwar im Frieren. Trotzdem blieb die Laune gut, und wir machten das Beste daraus. Doch eines Morgens wachte ich auf und fühlte mich bedrückt. Irgend etwas saß mir zwischen Fell und Fleisch, was mich störte. Es wurde immer stärker, und als mir am Frühstückstisch eine Träne in die Sauerkirschmarmelade fiel, sah mein Mann mich fragend an.

»Kleiner Junge?« fragte er.

Ich wußte, worauf er anspielte. Ein kleiner Bub war in die erste Unterrichtsstunde bei mir gekommen, stand in der Tür und weinte bitterlich. Ich ging zu ihm, nahm ihn in den Arm und fragte: »Warum weinst du, mein armer Schatz?«

Er sah mich hilflos an und schluchzte: »Ich weiß es nicht, es heult von alleine.«

So ging es mir jetzt auch, es heulte von allein. Ich verstand das nicht. Das Wetter war langsam besser geworden, mir tat nichts weh, und wir hatten Urlaub. Ich fragte Antaares, bekam aber keine Antwort. Er tat, als sei er nicht da. Was blieb mir übrig, als gute Miene zum bösen Spiel zu machen und so zu tun, als sei alles in Ordnung.

Gerade, als ich glaubte, es würde besser, passierte es. Wir fuhren in einem Pulk Yachten im Lübeck-Trave-Kanal, als plötzlich aus dem Salon dicker Rauch quoll. Heinz raste vom Außensteuerstand hinunter, stellte die Maschine ab, rannte wieder hinauf und rief dem nachfolgenden Schiff zu, daß wir Feuer im Boot hätten. Da wir nun steuerlos trieben, brauchten wir Schlepphilfe. Doch zunächst mußten wir feststellen, woher der Qualm kam. Wir hatten kein Feuer im Schiff, aber die Maschine war heiß gelaufen, das Kühlwasser kochte, und was wir für Qualm gehalten hatten, war dicker Wasserdampf. Das nachfolgende Boot nahm uns in Schlepp und brachte uns in den Schleusenvorhafen. Heinz kroch in den Maschinenraum. Der Kühlschlauch war abgesprungen und das ganze Kühlwasser in den Kanal gelaufen. Zwei Stunden später hatte er den Kühlschlauch wieder aufgesetzt, und nun wollten wir Kühlwasser auffüllen. Wiederum zwei Stunden später saß ich in der Pantry und weinte, Heinz im Maschinenraum und fluchte. Irgendwo im Kühlsystem saß eine Luftblase, die verhinderte, daß wir Wasser einfüllen konnten. Nachdem wir fast zweihundert Liter Trinkwasser vergeudet hatten, wußten wir beide keinen Ausweg mehr.

»Bitte, bitte Antaares, hilf uns!« Ich hatte die Hände gefaltet, den Kopf auf dem Tisch liegen und stieß zwischen meinen Schluchzern immer nur »bitte, bitte« hervor. Ich hörte keine Antwort, aber ich wurde ruhiger, und in meinem Kopf begann eine Idee Gestalt anzunehmen, und ich sagte: »Heinz, nimm einen dünnen Schlauch, steck ihn in die Öffnung vom Temperaturfühler, saug an oder blase hinein.«

Heinz angelte aus seinem Fundus einen dünnen Schlauch und tat wie geheißen. Und siehe da, aus dem Ausdehnungsgefäß blubberte es gewaltig. Da war die blöde Blase, die beinahe das Ende des Urlaubs bedeutet hätte.

Etwas abgekämpft, aber dankbar und froh setzten wir am nächsten Morgen unsere Fahrt fort. Was uns noch piekste war, daß wir keine Ahnung hatten, warum dieser dämliche Schlauch sich gelöst hatte, und so hatten wir ängstlich immer ein Auge auf dem Temperaturanzeiger am Ruderstand. Wir sollten es bald erfahren. Zwei Tage später, wir waren nach dem Ablegen etwa zehn Minuten gefahren, ging das gleiche Theater wieder los. Wieder trieben wir manövrierunfähig im Kanal. Gerade wollte ich ins Wasser springen und mit einem langen Tampen zum Ufer schwimmen, als der Wind uns sachte an die Böschung schob. Wir machten mit dem Schleusenhaken an der Spundwandstange fest. Da lagen wir nun wieder und hofften auf einen hilfsbereiten Schiffsführer. Und es kam genau der richtige Mann. Uns abschleppen, per Handy einen Bootsmechaniker rufen war eins. Heinz, der geglaubt hatte, er habe die Maschine nicht richtig repariert, wurde gelobt, der Kühlschlauch war noch genau da, wo er hingehörte. Grinsend klärte der Mann uns auf, daß das ganze Desaster an einer Plastiktüte gelegen hatte. Wir beide müssen ziemlich dusselig ausgesehen haben.

»Plastiktüte?« Ich begriff es nicht.

»Wenn der Ansaugstutzen beim Start Wasser aus dem Kanal saugen muß, und da schwimmt eine Plastiktüte unter Wasser, dann saugt die sich daran fest, und die Maschine kann kein Kühlwasser aufnehmen. Wenn ihr startet, müßt ihr immer erst gucken, ob auch Wasser aus dem Auspuff kommt. Nee, das kostet nichts«, sagte er, als Heinz die Brieftasche zückte. »Tschüs denn!« Weg war er.

»Bin ich froh, daß wir nun wissen, was los war«, sagte ich dankbar zu meinem Engel.

»Und was meinst du, was das für eine Arbeit war, so schnell wieder eine Plastiktüte genau unter die Maschine zu kriegen und gleichzeitig einen finden, der euch aufklärte. Ohne diese Information hättet ihr doch den Rest des Urlaubs gebibbert, daß es wieder passiert.«

»Ich hab mir so etwas schon gedacht«, meinte ich. »In sieben Jahren Bootfahren ist uns das nicht passiert und jetzt in drei Tagen zweimal. Das war doch nicht normal.«

»Diesmal hatte ich aber Hilfe«, schmunzelte Antaares. »Jetzt sind wir ja zu dritt!« ... »?« Mein Gesicht war ein Fragezeichen.

»Na, hast du es noch nicht gemerkt? Euer Schiffsengel mischt jetzt auch mit, und dein Mann hat ja auch einen.«

»Drei Engel für zwei Leute an Bord, ist das schön!«

»Das ist es auch, aber für uns ist das Schönste, daß ihr es wißt.«

Frank

»**S**oll ich dir mal was sagen ...«, Frank war aufge-
sprungen, stützte die Hände auf die Tischplatte
und spießte mich fast mit der Nase auf. »Dein
Lieber Gott ist doch große Sch...! Guck dich doch um, Ko-
sovo, Bosnien, Südafrika, warum läßt er das zu, dein ›lieber‹
Gott, hä, warum?«

»Ich habe einmal genauso gedacht«, antwortete ich ruhig,
»aber man muß wissen, daß Menschen Willensfreiheit haben.
Er hilft, wenn man ihn bittet.«

»Quatsch – «, Frank angelte nach seinem Bier und pro-
stete mir zu, »red nicht – trink!«

Wie kam ich wieder einmal dazu, am Biertisch über Gott
zu reden? Wir hatten mit unserem Boot mit zwanzig anderen
Yachten an einer Schiffsprozession teilgenommen, und jetzt,
am Abend, hätte ich eigentlich mit unseren Gästen auf unserem Schiff sitzen und gemütlich plaudern sollen. Statt
dessen saß ich am Biertisch mit lauter fremden Männern
und redete einem von ihnen zu wie einer kranken Kuh. Mir
war völlig klar, daß Antaares und Franks Engel mich an
diesen Tisch gelotst hatten. Einer von den Männern hatte
eine witzige Bemerkung gemacht, als ich vorbeikam, und
ich hatte die passende Antwort parat gehabt. Ehe ich mich
versah, saß ich am Tisch, bekam ein Bier und die Witzelei

war im vollen Gange. Wann und wie das Gespräch auf Gott und seine Engel kam, weiß ich nicht mehr, aber der junge Mann mir gegenüber reagierte derart heftig, daß mir klar wurde, ich saß seinetwegen hier.

»Du mußt wissen, ich habe alles verloren, alles – alles!« Frank hämmerte mit der Faust auf den Tisch und sah mich herausfordernd an. Wie immer plapperte ich nur nach, was Antaares mir einbläst.

»Wenn du soviel Kummer hast, daß du ihn nicht mehr tragen kannst, wenn du selbst schon alles getan hast, was in deinen Kräften steht, dann nimm den ganzen Mist, lege ihn Gott zu Füßen und sage, HERR, ich habe mein Möglichstes getan, ich kann nicht mehr. Jetzt bist du dran, mach was, bitte. Er wird dich nicht im Stich lassen, denn ER liebt dich.«

»Mich liebt keiner! Du redest Blödsinn, halt doch die Klappe, verdammt noch mal!«

»Kann ich nicht, denn ich bin deinetwegen an diesen Tisch gekommen, damit jemand dir sagt, daß du geliebt wirst.«

Dann kamen von mir ein paar Worte dazu, vor denen ich erschrak. So hatte ich noch nie reden müssen: »Ich bin ein Bote Gottes, und du mußt mir zuhören. Es ist deine letzte Chance!«

Frank wurde blaß. Alle anderen am Tisch hatten weitergeblödelt, immer wieder brandete Gelächter auf und niemand beachtete Frank und mich. Mein Mann kam und brachte unsere Gäste mit. Es gab ein fünfzig Liter Faß Freibier, man konnte kaum so schnell trinken, wie neues Bier kam.

»Ich sehe schon«, mein Mann hatte die Situation sofort erfaßt, »du hast wieder einen am Kanthaken und drehst ihn durch die Mangel. Und das bei gefechtsmäßigem Wirkungstrinken. Viel Erfolg!«

Ich hatte Frank aber inzwischen so weit gebracht, daß er nicht mehr fluchte und schimpfte, sondern still war. Ich redete weiter: »Wenn du es einmal mit beten versuchst, Frank, dann wirst du nicht mehr so bitter sein. Beten beruhigt. Ich verspreche dir, ich werde dir helfen, ich werde für dich beten, und du wirst es merken.«

Jetzt hatte er Tränen in den Augen, und weil er wohl das Gefühl hatte, er müsse gleich losheulen, stand er auf und ging weg.

So, jetzt kann ich mich auch wieder amüsieren, dachte ich. Weit gefehlt. Inzwischen waren ein paar Damen an den Tisch gekommen. Eine hatte von meinem Gespräch mit Frank etwas mitbekommen, und es ging mit demselben Thema weiter. Diesmal in Übereinstimmung.

»Dich kennenzulernen war eine meditative Bereicherung«, sagte eine der Damen, als es zwei Uhr und das Faß endlich leer war.

Am anderen Morgen hatte ich, wie erwartet, einen Kater und beschwerte mich bei Antaares.

»Muß ich denn immer ›drucktanken‹, wenn so etwas passiert?«

Als wir vor fast dreißig Jahren begannen zu meditieren, hatten andere, die schon länger meditierten, uns gesagt, man könne dann problemlos aufhören zu rauchen. Alkohol schmecke nicht mehr, und Fleisch äßen sie seitdem auch nicht. Ich hörte mir das an und dachte, na gut, wenn es nicht mehr schmeckt, ist es ja egal. Bei mir kam es ganz anders. Es schmeckte mir nicht nur weiter, erstaunlicherweise vertrug ich, verglichen mit vorher, geradezu Unmengen. Nur mit dem Amüsieren und dem Tanzen war es vorbei. Wenn es richtig lustig wurde, saß ich garantiert bei irgendeinem unglücklichen Würstchen und redete über Gott, seine

Liebe und über das Meditieren. Viele, die ich später wieder-
traf, bedankten sich. Es hatte ihnen Hilfe gebracht.

Eine Episode vergesse ich nie. Es war in einer Studenten-
kneipe, und zu vorgerückter Stunde kam jemand zu meinen
Mann und berichtete in hellster Empörung, daß ich seit einer
Stunde mit einem anderen Mann allein im Nebenzimmer
sei. In Erwartung einer Eifersuchtsszene war er doch sehr erschüttert, als mein Man antwortete: »Ach, der Arme, jetzt
haben ihn Gott und meine Frau am Schlafittchen!«

»Drucktanken«, lachte mein Engel. Du überraschst mich
immer mit neuen Ausdrücken. Aber tu bitte nicht so, als
hättest du etwas dagegen. Sieh mal, diese Typen, die an der
Theke über Gott reden, würden im nüchternen Zustand
niemals von ihm sprechen oder etwas über IHN anhören.
Nüchtern trauen sie sich ja nicht mal, an IHN zu denken.
Kein noch so frommer Mensch oder toller Prediger hätte jemals die Chance, diesen Menschen etwas über Gott zu erzählen. Erstens geht ein solcher Mensch gar nicht erst in
dies Milieu, und ginge er wirklich, um dort zu predigen,
lacht man ihn aus. Aber wenn du mit einem Menschen ein
oder zwei Stunden zusammen getrunken hast, hat er Ver-
trauen zu dir. Er hat seinen Verstand, der ihm sonst immer
im Wege ist, schon weitgehend ertränkt. Nun meldet sich
seine unbestimmte Sehnsucht nach Gott, nach Liebe, nach
Geborgenheit. Diese Sehnsucht trägt jeder Mensch in sich,
ob er sich dessen bewußt ist oder nicht. Er mag sich am andern Tag fragen, was da eigentlich gewesen war, aber du
kannst sicher sein, etwas ist hängengeblieben, geht in sein
Unterbewußtsein, und sein Engel wird dafür sorgen, daß es
in Krisensituationen abrufbar sein wird. Darum muß es
auch Menschen geben, die gläubig sind und trinken können.« »Ich lasse mich also im göttlichen Auftrag vollaufen«,

grinste ich. »Wenn ich jemand damit wirklich helfen kann, ertrage ich auch den Kater besser. Aber paß auf, daß ich nicht an den Suff komme.«

»Worauf du dich verlassen kannst«, sagte mein Engel.

Abends im Bett hörte ich beim Einschlafen Antaares' Stimme: »Du hast etwas Falsches geschrieben. Es war nicht das erste Mal, daß du jemand warnen mußtest. Erinnerst du dich nicht an Robert?«

Robert!! Wie ein Messer ging es mir durch das Herz. Fast vierzig Jahre war es her, und jetzt stand mir alles so klar vor Augen, als wäre es gestern gewesen. Robert war verheiratet mit einer immer nörgelnden Frau, hatte eine niedliche Tochter und verliebte sich in meine Freundin. Da ich selbst unsterblich in ihn verliebt war, betrachtete ich das Techtelmechtel, das sich da anbahnte, sehr mißtrauisch. Zwar war ich verliebt, aber nicht im Traum wäre es mir eingefallen, in seine Ehe einzubrechen. Mir genügte es, ihn anzuhimmeln und verliebte Gedichte in mein Tagebuch zu schreiben. Eines Nachmittags saß ich mit ihm in der Sonne im Freibad, die übrige Clique war noch nicht eingetroffen. Irgendwann im Gespräch sagte ich: »Da wird der liebe Gott schon aufpassen.«

Robert lachte auf, seine nächsten Worte trieften geradezu vor Hohn: »Wenn du dich da man nicht täuschst. Dein lieber Gott ist doch nur ein Kinderschreck. Mir hat keiner was zu sagen. In meinem Leben geschieht nur das, was ich will und sonst nichts!«

Mir lief es kalt den Rücken herunter. Ich sah ihn an, als sähe ich ihn zum ersten Mal.

»*Du* täuscht dich«, fuhr es mir heraus. »Gott läßt seiner nicht spotten. Er wird dich zu fassen kriegen, und zwar genau da, wo es dir am wehesten tut. Aber dann wird es zu spät sein, die Hände zu falten!«

Er lachte noch lauter. Sieben Jahre später trug man ihn zu Grabe. Genauso lange hatte auch sein Sterben gedauert. Er, der so stolz war auf seinen sportlichen Körper, der sich rühmte, mit allen Schwierigkeiten aufgrund seines Könnens fertig zu werden, wurde von Muskellähmung befallen. Er hatte Frau und Tochter verlassen und war mit meiner Freundin fortgegangen. Er hatte sie geheiratet und zwei Kinder bekommen. Jetzt stand ich neben meiner Freundin, als sein Sarg hinabgelassen wurde.

Nachher erzählte sie mir von der schrecklichen Zeit. Zuletzt hatte er völlig bewegungsunfähig im Bett gelegen. Um seine entsetzlichen Schmerzen zu lindern, mußte man ihn alle Stunde umbetten, auch sprechen konnte er nicht mehr. Als auch die Atemmuskulatur erlahmte, war er erstickt. Es schüttelte mich vor Entsetzen.

»Bitte«, ich mußte es wissen, »ist er als Ungläubiger gestorben oder hat er noch beten können?«

»Er hat gebetet, aber die Hände konnte er nicht mehr falten, das hat der Pastor für ihn getan. Der ist regelmäßig gekommen.«

Langsam tauchte ich aus dieser furchtbaren Erinnerung wieder auf. Ich sah noch die Sonne auf dem Wasser spiegeln und hörte wie von fern noch seine höhnenden Worte.

»Lieber Antaares, bitte, nicht so etwas Schlimmes für Frank. Und wenn, will ich es nicht wissen.«

»Bete für ihn, mehr kannst du nicht tun.«

Das Herz der Stadt

Inzwischen ist schon wieder so vieles und vor allen Dingen soviel Verrücktes, sogar für mich Unglaubliches passiert, daß ich erstens nicht weiß, wie ich das alles »auf die Reihe« kriegen soll, und zweitens, ob es überhaupt hier aufgeschrieben werden sollte. Am liebsten würde ich einfach die Fakten in zwei Sätzen sozusagen »hinknallen« und hätte meine Ruhe.

»So siehst du aus. Mit Faulheit kommst du nicht durch. Du wirst dich schon anstrengen müssen.«

»Antaares, es geht nicht um das Arbeiten. Ich bin nicht zu faul, das weißt du ganz genau. Es ist ganz einfach *zu* verrückt. Ich würde es so formulieren: Ich traue mich nicht, es zu Papier zu bringen.«

»Warum nicht?«

»Weil es mich direkt betrifft und es sich wahrscheinlich anhört, als sei ich größenwahnsinnig geworden.«

»Ist es nicht vollkommen gleichgültig, wie es sich anhört? Seit wann legst du Wert darauf, was die Leser denken, wo du doch unter einem Pseudonym schreibst? Es ist eine Wahrheit, und du hast dich verpflichtet, die Wahrheit zu schreiben. Also, fang an, du kleiner Feigling!«

»Wie du meinst!«

Vor einigen Jahren hatte mich ein Freund begrüßt mit den Worten: »Na, du Herz von –,« und er sagte den Namen meiner Heimatstadt. Ich guckte ihn etwas überrascht an. Wie kommt er auf diese Idee, überlegte ich. Dann dachte ich daran, daß wir als Teenager ineinander verliebt gewesen waren. Keiner von uns hatte es je ausgesprochen, aber wir wußten es beide. Vielleicht bin ich für ihn »das Herz der Stadt«, dachte ich. Dann vergaß ich es.

Vor einigen Tagen fiel mir diese Bemerkung meines Freundes wieder ein. Fragt mich nicht, warum.

»Sag mal, Antaares, was hat er denn nun wirklich gemeint?«

»Genau das, was er sagte. Du bist das Herz dieser Stadt und gibst ihr die Energie und das Licht, das sie braucht.«

Kann sich jemand vorstellen, wie diese Worte auf mich wirkten? Ich glaube nicht. Ich brüllte beinah »Neiiiin!«. Mir war, als würde ich verrückt. Dann fing mein Engel an zu erklären.

»Im Himalaja sitzen die Yogis und meditieren für die ganze Welt. Aber in jeder Gemeinschaft gibt es Menschen, die für diese Gemeinschaft zuständig sind. Für jeden Staat, jede Gruppe, jedes Dorf und jede Stadt. Manchmal wissen sie darum und manchmal nicht. Du bist das nun mal für diese Stadt, ob es dir paßt oder nicht.«

»Und wieso weiß dieser Mensch das?«

Die Antwort, die ich bekam, warf mich fast wieder um: »Liebende sehen mit dem Herzen!«

Ich weiß nicht, wie ich reagieren werde, wenn ich den Freund wiedersehe. Er ist inzwischen glücklicher Großvater, und ich bin überzeugt, er hat die Bemerkung von damals längst vergessen.

In der Nacht war an Schlafen nicht zu denken. Aber nicht, weil ich über die Geschichte nachgrübelte, nein, ich kam gar nicht dazu. Mich überfiel ein Reizhusten, daß ich bellte wie ein asthmatischer Straßenköter. Als ich nach ein paar Stunden am Ende meiner Kräfte war, kroch ich aus dem Bett und durchsuchte meinen Medikamentenschrank. Irgendwann vor Jahren hatte ich schon einmal Tabletten gegen Reizhusten bekommen. Ob noch welche da waren? Ich fand sie, und ob das Verfalldatum überschritten war, war mir völlig egal. Sie halfen, und ich konnte noch etwas schlafen. Am Morgen, als ich aufstehen wollte, hatte ich das Gefühl, ein Trecker hätte mich in der Nacht ein paar mal überrollt. Im Gauben, ich hätte mir wohl einen Muskelkater und einige verrutschte Wirbel angehustet, ging ich zu meinem Masseur. Einrenken, massieren, ein heißes Bad hinterher, dann müßte es vorbei sein. Denkste! Es wurde immer schlimmer. Am Gründonnerstag abends konnte ich kaum noch den Kopf bewegen. Ich will meine Leidenszeit nicht länger ausmalen, es war das schmerzhafteste Osterfest, daß ich erlebt habe. Ich schluckte Aspirin, schüttete mich mit Alkohol voll, es half alles nichts. Am Dienstag wollte ich sofort zu meinem Heilpraktiker gehen und mir Spritzen in den Rücken verpassen lassen.

Dienstag, fünf Uhr morgens. Vier Stunden mußte ich noch warten, bis die Praxis öffnete. In Gedanken erzählte ich dem Mann, was mit mir los war: »Also, wissen Sie, das war ganz komisch. Seit mein Engel mir erzählt hat, ich sei für diese Stadt verantwortlich, habe ich ...«. Ich stockte. Was hatte ich da eben gedacht? Erst jetzt ging es mir richtig auf: Genau seit diesem Zeitpunkt hatte ich die Schmerzen am ganzen Körper.

»Warum, Antaares?«

»Weil dein Unterbewußtsein dir etwas Falsches signalisiert hat.«

Und wenn es Wunder gibt, so geschah jetzt eins. Von einer Sekunde zur andern verschwanden die Schmerzen, als hätte es sie nie gegeben.

»Du hast zwar den Gedanken aus deinem Tagesbewußtsein verbannt, aber deine Seele glaubte, alles Leid deiner Mitbewohner tragen zu müssen. Du mußt gar nichts. Du hast auch keine Verantwortung für irgend etwas. Dein bloßes Vorhandensein ist genug.«

Dann sehr nachdrücklich: »Vergiß das nicht. Allein, daß du existierst, reicht völlig aus.«

Natürlich hätte ich meinem Heilpraktiker nicht erzählt, was ich da gedacht hatte, er hätte mich womöglich in die Psychiatrie eingewiesen. Aber nun brauchte ich ja gar nicht mehr zu ihm. Und wenn es nur falsche Gedanken waren, die die Schmerzen hervorriefen, hätten ja auch alle seine schönen Spritzen nicht geholfen. Ich hüpfte förmlich aus den Federn, mein Mann bekam Kulleraugen, als er seine so invalide Frau plötzlich putzmunter erlebte. Ich erzählte ihm, was los gewesen war. Und wir waren beide sehr fröhlich.

Glauben Sie mir, daß es mir sehr schwer gefallen ist, dies für Sie aufzuschreiben?

André Rieu

Seit einer knappen Stunde saß ich mit meinem Mann im Auto auf dem Parkplatz des Gerry-Weber-Stadions und schimpfte. Wir hatten Karten für ein Konzert mit André Rieu – aber keinen Schirm! Und es goß! Seit mir Antaares erklärt hatte, wer für das Wetter zuständig war, (vergl. »Mein Engel und ich«, Kapitel Wettermacher), hatte ich keinen Schirm mehr in der Hand gehabt. Wollte ich in die Stadt gehen, wenn es regnete, sagte ich mit Blickrichtung nach oben: »In zehn Minuten muß ich weg, bitte, dann aufhören.« Dann hörte es auf. Es konnte das miserabelste Wetter sein, der Wetterbericht noch so deprimierend, wenn wir zu einem Fest gingen oder selbst ein Gartenfest hatten: Es regnete nicht. Daran hatte ich mich so gewöhnt, daß der Gedanke, es könnte einmal schiefgehen, geschweige denn einen Schirm mitzunehmen, nie mehr gekommen war. Und nun das! Bitteschön, ich schimpfte nicht auf meinen Engel oder die Wolkenengel. Ich war blitzwütend auf mich selbst. Früher hatten wir immer einen Schirm im Wagen, er gehörte sozusagen zur Ausstattung. Als besagtes Stück irgendwann aus Altersschwäche seinen Geist aufgab, hatte ich zu meinem Mann gesagt, er solle ihn wegwerfen, ich würde einen anderen hineintun. Das hatte ich prompt vergessen. Schließlich war ich der festen Meinung, nie mehr ein solches lästiges

Anhängsel mitschleppen zu müssen. Mein armer Mann, der sich seit einer Stunde meine Tiraden still anhörte, seufzte nur. Er weiß, wann es keinen Zweck hat, mir gut zuzureden. Schließlich hörte ich einen Moment auf und sagte, wieder mit Blick nach oben: »Was ist denn bloß los? Soll ich zwei Stunden in nassen Fleppen im Stadion sitzen? Könnt ihr denn bitte nicht die kurze Zeit Pause machen, bis wir vom Parkplatz im Stadion sind? Bitte, bitte!«

Neidvoll blickte ich auf die feingekleideten Leute, die alle unter großen, schönen Schirmen dem Stadion zustrebten. Wieder blickte ich nach oben. Die Zeit wurde knapp. Es *mußte* jetzt einfach aufhören. Es dachte gar nicht daran. Gerade wollte ich wieder eine Schimpfkanonade loslassen, da hörte ich die Worte: »Warte es doch ab«. Sie klangen nicht freundlich, eher unwillig. So, als wollte man mir zu verstehen geben, man sei sehr enttäuscht von mir. Der Regen trommelte weiter munter auf das Wagendach, aber ich hielt den Mund.

Vor uns parkte ein silberfarbener Mercedes. Plötzlich schoß ein Mann auf den Wagen los, öffnete den Kofferraum und nahm einen Schirm heraus. Guckte ihn an und warf ihn wieder hinein. Nahm den nächsten, angucken, wieder hineinwerfen. Als er nach dem dritten angelte, sauste ich aus dem Auto auf den Menschen los: »Ach bitte, leihen Sie uns einen Schirm, wir haben unseren vergessen!«

»Aber selbstverständlich, hier nehmen Sie den. Legen Sie ihn nachher einfach auf den Kofferraumdeckel!« Sprach's, reichte mir einen Schirm aus seiner Kollektion und verschwand so schnell, wie er gekommen war.

»Hurra, ich habe einen Schirm!!« Ach, was war ich fröhlich.

Ich entschuldigte mich für meine Meckerei: »Kann ich ja nicht ahnen, was ihr euch da oben ausgedacht habt.«

Abends bekam ich dann noch meinen Anpfiff von Antaares: »Wenn du noch immer nicht begriffen hast, wieviele Möglichkeiten wir haben, um zu helfen, sehe ich schwarz für dich. Es gab heute keine Möglichkeit, das Wetter zu ändern, für niemanden. Meinst du, wir hätten das nicht gewußt? Warum haben wir euch ausgerechnet auf diesen Platz gelotst? Es waren noch ein paar hundert andere da. Aber nein, wenn nicht alles so läuft, wie du es dir vorstellst, wirst du giftig. Schäm dich!«

Was ich auch ausgiebig tat.

Avalon

Wer hat als Kind nicht von König Arthur auf Camelot gehört oder gelesen? Wer hat noch nie von dem Zauberland Avalon gehört? Ich verschlang alles, was es darüber zu lesen gab, und wenn ich die Schilderungen las, wie der Zauberer Merlin mit seinem Boot über den See nach Avalon fuhr, den Weg, der nur durch den goldenen Nebel für Eingeweihte erkennbar war, dann sah ich das alles vor mir. Mein sehnlichster Wunsch war, dieses Land zu finden, von dessen Existenz ich völlig überzeugt war. Aber ach, man wird erwachsen und weiß, das alles ist Märchen, Phantasie, Legende und ein unerfüllbarer Wunsch.

Unser Wagen, ein alter Daimler, mußte in die Werkstatt. Wir hätscheln das gute Stück und lieben es sehr, denn kein einziger Mercedes, der nach 1979 auf den Markt kam, fand unsere Zustimmung. Mercedesfans mögen schockiert sein, wenn wir beim Anblick der neuen Klasse nur »igitt, wie häßlich« sagen. Außerdem haben wir beide eine Vorliebe für alte Sachen. Unser erstes Boot war so alt, daß wir es bei keiner Versicherung unterbringen konnten. Unsere Löffel tragen den 12 Lot Stempel aus der napoleonischen Zeit. Ich bin älter als mein Mann. Unsere Möbel sind von achtzehnhundert weiß nicht wieviel. Wenn jemand die alten Sachen bewundert, kommt von mir der Satz: »Was will man machen, mein Mann schwärmt für Antiquitäten, gucken Sie mich doch an!«

Warum erzähle ich das eigentlich? Das hat doch mit der Geschichte von Avalon nichts zu tun. Aber manchmal komme ich eben ins Schwafeln und dann von Hölzchen auf Stöckchen. Entschuldigen Sie bitte.

Besagter und betagter Wagen mußte also in die Werkstatt. ASU war fällig, und ein paar häßliche Rostlöcher hatte er auch. Wir wohnen auf der Nordseite eines Gebirgszuges, und die Sonne stand noch nicht hoch genug, um unsere Seite zu bescheinen. Es war Spätsommer, ein strahlend blauer Himmel und es ging ein leichter Wind. Auf der Paßhöhe angekommen, blickte ich auf die sonnige Südseite. Ich hielt an und starrte hinunter. Gleich neben der Straße waren die sanft abfallenden Felder, gelb leuchtendes Korn, das sich im Wind wiegte. Dann das Hügelland zwischen den Kuppen, dort wallte der Nebel. Die Morgensonne färbte ihn golden, und nur die zarten Umrisse von den höchsten Bäumen erhoben sich daraus. Und an den Hügeln ganz in der Ferne stieg der goldene Schleier langsam empor.

»Avalon«, flüsterte ich andächtig, denn genauso hatte ich es mir vorgestellt. Es fehlte nur noch Merlins Boot auf dem goldenen Meer. Eine ganze Weile stand ich und schaute.

Dann, sanft wie ein Hauch, eine Stimme: »Avalon ist überall, aber man findet es nur mit dem Herzen!«

Und ganz deutlich spürte ich, daß ich in diesem Augenblick ganz eins war mit meinem Engel.

Die Konferenz

Unser Schiff, die »Binz«, war nun einundzwanzig Jahre alt. Es wurde Zeit, sie äußerlich zu verschönern. Also mieteten wir einen Hallenplatz in der Werft, und los ging's. Jedes Wochenende fuhren wir achtzig Kilometer zur Werft an der Weser und bearbeiteten das Schiff mit Schleifmaschine, Mouseschleifer und in den Ecken von Hand mit Schleifpapier. Nach drei Monaten war die Binz geschliffen, und ich hatte vom Schleifstaub Bronchialasthma bekommen. Jetzt sollte das Streichen losgehen, aber ich durfte nicht mehr in die Halle, denn von dem Geruch der Farbe wurde mein Asthma nun wirklich nicht besser, im Gegenteil. Nun kamen wir ins Schleudern, denn, um termingerecht fertig zu werden, mußten zwei arbeiten.

»Antaares«, sagte ich röchelnd und hustend zu meinem Engel, »wir müssen in drei Wochen fertig sein, und es muß viermal gestrichen und noch einmal geschliffen werden. Wie sollen wir das machen, wenn ich nicht mehr kann. Entweder muß ein Mensch auftauchen und helfen, oder es muß irgendwo Geld herkommen, daß wir die Werft beauftragen können. Laß dir etwas einfallen, bitte!«

Er sagte nichts dazu, aber drei Tage später rief man mich von der Diakonie an. Ob ich wohl jemand aufnehmen könnte, der in Not sei. Es handelte sich um ein junges Mädchen, das sechs Jahre auf der Straße gelebt und nun hier eine Praktikantenstelle bekommen hatte. Sie sollte danach als Lehrling übernommen werden. Aber niemand wollte sie aufnehmen. Ich dachte: »Was ihr getan habt einem von diesen meinen geringsten Brüdern, das habt ihr mir getan.« (Mt 25,40) Mein zweiter Gedanke war: »Ich kann nicht pausenlos Gott und Jesus um alle Hilfe bitten und sie meinem Nächsten verweigern.« Also sagte ich zu. Das Mädchen kam, ich fand sie wirklich nett. Es stellte sich heraus, daß sie keinen Pfennig Geld mehr hatte. Ich wollte ihr etwas geben, das wollte sie nicht annehmen. Abends hatte mein Mann eine grandiose Idee. Sie kann mit uns in die Werft um zu helfen. Da kann sie sich erst mal einen Hunderter verdienen. Und sie kam gerne mit, arbeitete wie eine Wilde bis zum Abend. Ich nahm sie in den Arm und sagte: »Was hätten wir nur ohne dich gemacht!«

Sie strahlte, weil sie so nötig gebraucht wurde.

Abends bedankte ich mich bei Antaares: »Wie hast du das nur so fix auf die Reihe gekriegt? Das kam ja wie bestellt?«

»In drei Tagen wäre es vielleicht schwierig geworden, aber das war ja von langer Hand vorbereitet. Da hat Katharinas Engel auch geholfen.«

Ich bedankte mich noch einmal und kuschelte mich in die Kissen. Ehe ich einschlief, stellte ich mir die Vorbereitung der Engel vor und zwar folgendermaßen: Kurzbrief an die Engel der Sektionen B und K, heute abend Konferenz in Himmelsabteilung C. Erbitten vollständiges Erscheinen.

Himmelsabteilung C, einige dekorative Wolken, darin die Engel, auf der größten Wolke der Abteilungsleiter mit zwei Beisitzern. Nach Eröffnung der Sitzung erhebt sich Antaares: »Meine Schutzbefohlene Karina wird Bronchialasthma bekommen und nicht an ihrem Schiff arbeiten dürfen.

Es muß aber zu einem bestimmten Termin fertig werden. Ich bitte um Vorschläge zur Abhilfe.«

Der rechte Beisitzer ergreift das Wort: »Besteht die Möglichkeit, das Asthma abzuwenden?«

»Nein, leider, sie hat sich bisher körperlich übernommen, will es aber wie üblich nicht wahr haben. Daher mußte eine härtere Maßnahme ergriffen werden.«

Nach einem Augenblick des Schweigens meldet sich Tanja, Katharinas Engel: »Meine Schutzbefohlene Katharina soll eine Stelle im dem Ort bekommen, in dem Karina wohnt, wenn man sie zusammenbringt, kann Katharina helfen, wenn das genehmigt wird.«

Der Abteilungsleiter nickt. »Das ist eine gute Idee, wie wollt ihr sie zusammenbringen?«

»Das dürfte kein Problem sein«, schaltet sich Antaares wieder ein. »Wir werden dafür sorgen, daß niemand sie aufnimmt, wir bilden eine dunklere Aura um sie. Außerdem, als eine von der Straße ist die Chance sowieso relativ klein. Der Fürsorgerin hämmern wir Karinas Name ein, da die beiden sogar befreundet sind, wird das klappen.«

Während ich mir dies alles lebhaft vorstellte, hatte ich das Gefühl, daß mein Engel sich mal wieder köstlich amüsierte.

Am nächsten Morgen war ich mit den Gedanken immer noch bei meiner Engelkonferenz. So gab ich zuwenig Kaffee und zuviel Wasser in die Kaffeemaschine, und beim Frühstück war der Kaffee so schwach, daß er kaum aus der Kanne kam. Mein Mann verlor aber kein Wort darüber. Was habe ich doch für einen lieben, rücksichtsvollen Ehemann. Ich entschuldigte mich. Ich sei mit den Gedanken ganz woanders gewesen.

»Wo denn?« erkundigte sich mein Mann.

»Bei einer Engelkonferenz!«

»Engelkonferenz?« Wein Mann fuhr in die Höhe. »Wo? Wann? Warum habe ich keine Einladung? Kriege ich noch eine Einladung? Ist das mit Arbeitsessen hinterher?«

Ich hatte gerade die Kaffeetasse am Mund und prustete los, daß der müde Kaffee wieder in die Tasse zurücksprudelte. Zugleich lachte Antaares los, während mein Mann mich ernsthaft und erwartungsvoll anguckte, als könnte er wirklich zu einer Engelkonferenz gehen.

Als er dann mit Zeitung und Zigarette auf dem stillen Örtchen verschwand, sagte Antaares, der sich immer noch vor Lachen schüttelte: »Ihr seid doch zwei verrückte Bälger, ihr beiden.«

Kilian

Der liebe Günther, den die Leser meines ersten Buches (Mein Engel und ich) bereits kennen, besuchte uns mit Frau und Enkelkind für ein Wochenende. Enkelsohn Kilian war zwei Jahre alt und ein richtiger Strahlemann. Als ich das Günther gegenüber äußerte, antwortete er ganz ernst: »Das Kind ist ein Engel. Seine Mutter hat das sofort gesagt, als er auf die Welt kam.«

Ein Engel! Ich wußte, daß es Engel gab, die als Menschen geboren werden, um hier mehr Licht zu verbreiten. Bei einigen Leuten, die ich kannte, vermutete ich, daß sie Engel seien. Doch ihnen selbst ist das meistens nicht bewußt. Und wenn ein Großvater das von seinem Enkel sagt, sollte man meinen, das sei eben großväterlicher Stolz. Meint doch jeder, sein Kind sei etwas Besonderes. Aber ich glaubte ihm, nachdem ich den Knaben eine Weile beobachtet hatte. Und wenn da ein winziger Zweifel war, so wurde er mir abends gründlich ausgetrieben.

Zum Abschied schenkte ich dem Kleinen ein Sofa mit zwei Stoffhunden. Das Sofa, eine handgearbeitetes Musterstück, war nicht so groß, daß er darauf sitzen konnte, aber die beiden Stoffhunde machten sich richtig gut darauf. Nun bestanden Omi und Opi darauf, daß er »Dankeschön« sagen sollte, was er natürlich nicht tat. Er war so überwältigt, daß er nur das Sofa mit den Hunden festhielt und zum Auto strebte. Ich gab ihm noch einen Kuß, und er lächelte mich an, dann fuhren sie ab.

Als ich abends zum Dankgebet die Hände faltete und die Augen zumachte, fühlte ich, wie sich jemand über mich beugte und mir einen Kuß auf die Stirn gab.

»Antaares, hast du mich geküßt?«

Er machte einen Ton wie »em em«, dem man das Kopf-schütteln anhörte.

»Sabrina, sind Sie es?«

»Nein, bestimmt nicht.«

»Wer denn?«

Dann eine andere Stimme: »Das ist Kilian. Der bedankt sich für das Sofa, weil er es noch nicht getan hat.«

Ich lag ganz still und genoß das Kribbeln an der Stelle, wo ich den Kuß gespürt hatte.

Es hat gekribbelt, bis ich einschlief.

Ein Brief

Kürzlich habe ich von einer Leserin einen langen Brief mit vielen Fragen bekommen. Als ich ihn ausführlich beantwortet hatte, meinte Antaares, er sollte auch mit in dieses Buch kommen.

Liebe Frau K,

Ihr Brief war die Antwort auf ein Gebet. Seit einem halben Jahr habe ich keinen Leserbrief mehr erhalten, und Antaares hielt sich sehr zurück. Sie sehen, auch ich kann nicht immer so, wie ich eigentlich reden, denken und handeln müßte. Ich fühlte mich leer und unnütz. So betete ich um eine neue Inspiration, einen Leserbrief oder ein intensiveres Gespräch mit Antaares. Und dann kam heute Ihr Brief. Ich lag mit Rückenschmerzen im Bett, die beste Gelegenheit ,ohne Ablenkung mit Antaares zu reden. Der erste Satz schon ließ mich schmunzeln: »Die Kleine (wie groß sind Sie?) verlangt zuviel.«

Auch ich habe lernen müssen, daß es auf manche Fragen in dem Moment, in dem sie gestellt werden, noch keine Antwort gibt. Wie oft hat Jesus das seinen Jüngern gesagt. Bitten Sie mich aber jetzt nicht, diese Bibelstellen herauszusuchen. Am besten, Sie lesen das Neue Testament auf diesen Gesichtspunkt hin einmal selbst. Alles, was ich jetzt schreibe, diktiert in gewissem Sinne Antaares, d.h. es ist das, was mir an Bildern heute morgen übermittelt wurde, es sind aber meine Worte. Warum wollen Sie wissen, wie lange Ihr Engel Iphea bei Ihnen bleibt? Es ist allein Gottes Wille. Einen Engel haben Sie immer gehabt, ob als Mensch in einem Körper oder als Geistwesen in anderen Sphären. Die Frage, ob man einen oder mehrere Schutzengel hat, beantwortet das Kapitel in meinem Buch »Keilerei oder meine sieben Schutzengel«. In Ihrer Narkose ging Ihr Astralleib in eine andere Sphäre. Dies ist das Licht aus derjenigen Sphäre, die Ihnen angepaßt ist. Die Köpfe sind die Wesen, die Ihnen aus dieser Region nahestehen.

Die Frage der gegensätzlichen Aussagen in den verschiedenen Engelbüchern beantwortete Antaares mit einem Gleichnis: Von einem anderen Sonnensystem werden drei Boten ausgesandt, um zu erkunden, ob der Planet Erde bewohnbar sei. Der erste Bote landet in der Antarktis. Nach langer Suche gelangt er ans Meer. Sechzig Grad Kälte und eisiges Wasser. Der zweite landet in der Wüste. Sechzig Grad Hitze und nirgendwo Leben. Der dritte landet auf einer Hauptstraße in Tokio. Der erste sagt, Leben dort ist nicht möglich, der Planet ist vereist. Der zweite, nur Sand und Hitze, unmöglich zu besiedeln. Der dritte schnauft entsetzt: »Um Himmels Willen, bloß nicht, die Erde ist so übervölkert, da paßt keine Maus mehr hin.« Jeder sagte die Wahrheit aus seiner Sicht.

Dann ist da die Frage, was gefällt Iphea an mir. Etwas später steht da, Sie möchten ein Kompliment von ihm. Au weh, jetzt wird's unangenehm. Ein Mensch soll seinem Engel nicht »gefallen« wollen. Und Komplimente sind wohlfeil und bedeuten nichts. Ihr Engel liebt Sie so wie Sie sind. Sie sollen ihn lieben, das, und nur das ist es, was ihn glücklich macht.

So, und nun die Trostworte. Es gibt niemanden, der nicht manchmal von Zweifeln geplagt wird. Niemanden, der sich bei allem Gottvertrauen nicht mal einsam und verlassen fühlt. Und da sagte mein Engel, Sie sollen das Gesangbuch nehmen und das Lied »Befiehl du deine Wege« lesen und die Verse 9 und 10 auswendiglernen. Ich wollte sie für Sie abschreiben, aber Antaares wollte das nicht. Sie müssen es also selbst heraussuchen.

Sie machen nichts »verkehrt«. Sie wollen nur zu schnell vorpreschen und möglichst schon vorgestern Erleuchtung erringen. Das aber ist ein langer, mühsamer Weg. Ich habe ihn 1970 eingeschlagen. Und erst seit sechs Jahren kann ich mit meinem Engel reden. Glauben Sie mir, je weiter man fortschreitet, um so härter werden die Prüfungen, um so heftiger bemühen sich die fiesen Knilche unter den Geistern, Sie von diesem Wege abzubringen. Und Ihr Körper muß sich auch immer Ihrem Bewußtsein anpassen. Wenn das Licht im Inneren zu hell wird, ist es nicht zu ertragen für unser irdisches Nervenkostüm, man wird krank. Außer Demut ist Geduld die gefragteste Eigenschaft auf dem Weg ins Licht, und Engel sind Geistwesen, und da Geist weder männlich noch weiblich ist, sind sie geschlechtslos. Wenn Ihr Herz Ihnen den Namen Iphea eingegeben hat, wird er auch stimmen. Das kann Ihnen niemand sagen, das fühlt man.

Da hätte ich doch beinah etwas vergessen. Antaares kennt alle Engel meiner Leser und die, die mir schreiben, ganz besonders.

Ich danke Ihnen für Ihre lieben Wünsche und guten Gedanken. Auch ich denke oft an Sie.

Gott sei mit Ihnen.

Die Katze

anche Sachen sind so einfach zu erzählen: Es geschieht etwas, Antaares erklärt, und ich schreibe es auf. Wenn aber vier Dinge geschehen, scheinbar vollständig unabhängig voneinander, davon eine Sache, die mehr als zehn Jahre zurückliegt, dann weiß ich wirklich nicht, wie ich die Quintessenz davon verständlich zu Papier bringen soll. In meinem Kopf ist der Zusammenhang ja klar, aber wenn ich überlege, was noch an Erklärungen dazukommen müßte, werde ich womöglich meine Leser langweilen. Es hilft aber nichts, es muß sein.

Zunächst muß ich mit unseren Fernsehgewohnheiten anfangen. Wir sehen nie etwas live, ich suche aus, was wir gucken möchten, und mein Mann zeichnet es auf. Abends heißt es dann: »Was möchtest du sehen, was zum Lachen, zum Gruseln, was Spannendes oder Informatives?«

Als der Film gestern Abend zu Ende war, stutzte mein Mann: »Da ist noch etwas auf dem Band, nanu, was haben wir da vergessen?«

Es war X Faktor, eine Sendung, die vor einiger Zeit auf RTL 2 gelaufen war. Als sie abgesetzt wurde, habe ich sie sehr vermißt, denn darin spielte immer die Geisterwelt oft auf dramatische Weise in das reale Leben hinein. Und es waren Tatsachen, Dinge, die ganz unglaublich klangen und doch passiert waren. Gestern war es unter anderem die Geschichte eines kleinen Mädchens, dessen Katze gestorben war. Aber die Kleine benahm sich, als sei die Katze noch da. Sie streichelte sie, stellte Futter hin und sprach mit ihr. Die Eltern fürchteten um den Verstand ihrer Tochter und holten eine Psychologin ins Haus. Die meinte, man sollte ein Foto machen, wenn die Kleine so tat, als habe sie die Katze auf dem Arm. Gesagt, getan. Wie groß war das Erstaunen, als auf dem Foto die Katze zu sehen war.

Das war die eine Geschichte. Sie merken schon, ich zäume das Pferd am Schwanz auf und fange mit dem letzten an.

Wir fuhren frühmorgens in nördlicher Richtung, als wir an einem Unfall vorbeikamen: zwei Feuerwehrfahrzeuge, mehrere Polizeiwagen, der Notarztwagen und eine riesengroße Ölspur. Wir hatten die Stelle soeben passiert, als ich anfing zu weinen. Angst schnürte mir die Kehle zu, und ich schnappte nach Luft. Mein Mann sah mich verdutzt an: »Was ist denn nun los?«

»Frag' mich nicht sowas Schweres. Ich habe keine Ahnung.«

Nach einer kappen halben Stunde war es vorbei.

Jetzt kommt die dritte Geschichte: Ich stand vor meiner Bücherwand, in der ich vor ungefähr zwanzig Jahren meine spirituelle Literatur zusammengestellt hatte. Ganz selten nur nehme ich eines dieser Bücher zum nochmaligen Lesen in die Hand, weil sie doch etwas überholt sind. Ich griff irgendwie hinein und hatte Monroes »Der Mann mit den zwei Leben« in der Hand. Er beschreibt darin Reisen in seinem Astralkörper. Ich hatte das gelesen, aber richtig vorstellen konnte ich es mir damals nicht. Besonders interessiert las ich jetzt, daß er im Astralleib mit anderen gesprochen hatte, die schliefen oder bewußtlos waren. Später befragt, konnten die Personen sich an nichts erinnern.

Und dann fiel mir noch ein Bild in die Hände, das ich vor mehr als zehn Jahren von einer Bekannten bekommen hatte. Darauf war auf den ersten Blick nur die Großmutter meiner Bekannten zu sehen. Als ich genauer hinsah, erkannte ich, daß noch vier andere Leute auf dem Bild waren. Nicht so scharf, aber doch erkennbar. Da war am deutlichsten der vor fünf Jahren verstorbene Sohn, in den ich ganz früher sehr verliebt war. Daneben, ganz unverkennbar, ich selbst. Das verblüffte mich am meisten. Ich war niemals in diesem Haus gewesen. Ich trug ein afrikanisches, rotweißes Tuch um die Schultern, das mir meine Tante vierzig Jahre zuvor aus Südafrika mitgebracht hatte. Dann noch, etwas undeutlicher, eine andere Verwandte der alten Dame und ein nicht zu identifizierendes Profil mit langen, dunklen Haaren.

So, das sind die Fakten. Und nun muß Antaares mir weiterhelfen, die Zusammenhänge aufzuklären.

»Nicht von ungefähr«, begann er in einem dozierenden Tonfall, »habe ich dir das Buch über die Astralreisen sozusagen in die Hand gedrückt. Darin steht alles, was dir die letzten Vorkommnisse erklärt. Auch du machst Astralreisen, und ebenso wirst du von Astralreisenden besucht. Dabei ist es gleichgültig, ob der Mensch noch auf der Erde weilt oder seinen Körper schon abgelegt hat. Zu der Geschichte mit der Katze ist zu sagen, daß die Fernsehleute, die diesen Film ja nach einem Bericht gemacht haben, den Fehler begangen haben, die Katze so darzustellen, als sei sie noch in ihrem Körper. Tatsächlich war sie aber so zu sehen, wie die Personen auf deinem Bild. Es gab und gibt immer Menschen, die den Astralleib eines Wesens sehen können. Dem Mädchen machte die Liebe zu ihrer Katze das möglich.

Nun zu deinen Tränen bei dem Unfall. Es war jemand kurzzeitig bewußtlos, das heißt, sein Astralleib hatte sich vom Körper gelöst. Hilflos und unter Schock suchte er Hilfe, und da du sehr sensibel für spirituelle Dinge bist, konnte er bei dir landen. Du fühltest in diesem Moment das gleiche, was die verunglückte Person fühlte. Als er zurückkehrte, hatte er etwas Trost und Hilfe bekommen. Du konntest sie geben, obwohl du nichts davon gemerkt hast.

Und nun zu dem Bild, das du nach so langer Zeit wieder in die Hand genommen hast. Du hast gesehen, aber nie verstanden. Es gab eine starke Verbindung zwischen dir und dem verstorbenen Sohn. Ihr habt euch oft gesprochen in euren Astralkörpern, und du hast mit ihm zusammen seine Mutter besucht. Denke an das Buch von Penny McLean, an Adeline und die vierte Dimension. Da waren auch mehrere Personen in Adelines Küche, die sie nicht sehen konnte, deren Anwesenheit aber nicht wegzuleugnen war.

Jedes Geschehen für sich hätte keine Überzeugungskraft besessen. Es mußten mehrere Fakten zusammenkommen, damit man daraus eine Überzeugung gewinnen kann. Da haben wir dann wieder einmal ein bißchen tricksen müssen, damit du es richtig kapierst. Hast du doch jetzt, oder?«

»Es hat wohl wirklich dieses Aufwands bedurft«, meinte ich nachdenklich. »Ich bin zwar im allgemeinen in dieser Beziehung nicht schwer von Begriff, aber auf die Idee, mit Robert seine Mutter besucht zu haben, wäre ich im Leben nicht gekommen. Die Geschichte mit der Katze hätte ich wohl auch nicht geglaubt, wenn das Bild von der Oma nicht gewesen wäre. Und die Heulerei nach dem Unfall hätte ich wohl als hysterischen Anfall abgetan. Der einzige Mensch, der mir das jetzt alles glaubt, ist mein Mann. Nein, stimmt nicht, meine neuen Freundinnen Heike und Ursel, die würden es auch glauben. Aber ich denke, es ist besser, noch nicht darüber zu sprechen.«

»Ich hoffe, du schaffst es, den Mund zu halten. Es ist wirklich besser.«

Etwas bissig, weil ich der Meinung war, schon gelernt zu haben, nicht mit allem herauszuplatzen, sagte ich: »Du kannst mir ja auf's Maul hauen, wenn es denn sein muß.«

»Geh und schäm dich, sowas sagt man nicht zu seinem Engel!«

Ich ging und schämte mich.

Schmerzen

Zwei Nächte hatte ich mich mit Schmerzen herumgequält. Ich wußte, irgendwelche Wirbel hatten sich, wie schon so oft, selbständig gemacht und Nerven eingeklemmt, die sich nun entzündet hatten. Am Morgen rief ich meinen Heilpraktiker an, der mir schon mehrmals geholfen hatte. Ich konnte sofort kommen. Da er auch Chiropraktiker war, renkte er mir auch die Wirbelsäule wieder zurecht. Glaubte ich! Zuhause angekommen, wurden die Schmerzen, die erst nachgelassen hatten, wieder schlimmer. Schimpfend packte ich meinen Arm in Eis, da ich meinte, die Entzündung sei schlimmer gewesen als sonst. In der folgenden Nacht wurde es geradezu ekelhaft. Auch mein linkes Bein schmerzte, als säbelte jemand mit einem Messer daran herum. Es war Wochenende, und Heinerle, wie ich meinen Heilpraktiker in Gedanken nannte, war verreist. Da war guter Rat teuer. Da war aber noch jemand, zu dem ich früher immer gegangen war, wenn meine Wirbel mal wieder aus der Reihe tanzten. Dieser Mensch, ein Masseur, half auch am Wochenende, das wußte ich. Der Ärger war nur, alle – mein Hausarzt, das Heinerle und der Akupunkturarzt – hatten mich nicht nur gewarnt, dort noch einmal hinzugehen, sondern mir auch wirklich Angst gemacht, so eine schnelle Einrenkerei ohne vorhergehende Wärmebehandlung und

Massage sei viel zu gefährlich. Man hatte mir mögliche Folgen in den schwärzesten Farben gemalt. Da lag ich nun und wußte nicht, was tun. Wie immer, wenn ich nicht weiterweiß, frage ich Antaares um Rat. Zunächst kam gar nichts. Ich bohrte weiter. Horchte in mich hinein – nichts. Gerade wollte ich anfangen zu schimpfen, da schoß mir ein solcher Schmerz durch den Körper, daß ich alle Bedenken sausen ließ, mir das Handy angelte und bei besagtem Masseur anrief. Er sei im Begriff wegzufahren. Ich müsse schnell machen. Also stürzte ich kopfüber in den Jogginganzug, ins Auto und raste unter Nichtachtung aller Geschwindigkeitsbegrenzungen – »Antaares, paß du auf, daß nichts passiert« – ins Nachbardorf. In fünf Minuten saß ein Lendenwirbel, ein Brustwirbel und zwei Halswirbel wieder an ihrem richtigen Platz. Eine Stunde später war ich völlig schmerzfrei. Nachdem ich die liegengebliebene Hausarbeit erledigt hatte, setzte ich mich hin und grübelte, was das nun bedeuten sollte. Ich hatte doch wirklich gehorchen wollen, warum ließ man mich nicht? Es dauerte eine Weile, bis durch den Wust meiner Gedanken Antaares' Erklärung durchkam.

»Die meisten Menschen vertragen deine und meine Anwesenheit nur begrenzt. Und für einen, der dich mit seinen Händen berühren muß, ist es eine ziemlich anstrengende Sache. Er kommt ja auch in Kontakt mit mir. Dein Akupunkturarzt hat dich, zwar sehr höflich, aber nachdrücklich, vor die Tür gesetzt. Seine Aufnahmefähigkeit für dich und mich war völlig erschöpft. Auch dein ›Heinerle‹ ist ziemlich am Ende. Bei ihm kommt noch hinzu, daß er um mich weiß. Du hast gemerkt, daß seine Hände, die du sonst als angenehm empfunden hast, dir dieses Mal fremd vorkamen. Er hat keine Ahnung, warum das so ist. Seine Aufnahmefähigkeit für deine Spiritualität ist erschöpft. Er würde dir aber ja nicht sagen: ›Bleiben Sie weg, ich kann Sie nicht mehr ertragen.‹ Also sorge ich auf diese Weise dafür, daß es nicht so weit kommt. Und was deinen Masseur betrifft, der brauchte im Moment etwas von dieser Spiritualität, aber das weiß er natürlich nicht. Er wundert sich nur, warum er sich so oft fragt, warum du nicht mehr gekommen bist.«

»Willst du damit ausdrücken, meine Schmerzen sind dazu da, um anderen Leuten Spiritualität zu vermitteln oder abzugeben oder wie auch immer?« Ich war etwas durcheinander.

»Du bist doch ein kluges Kind«, neckte er mich, »bist ja beinah allein darauf gekommen. Jetzt kannst du aufhören, darüber nachzugrübeln, warum deine Wirbel so oft aus der Reihe tanzen. Es ist keine geistige Fehlhaltung, wie du immer gedacht hast. Sie haben den Sinn, auch anderen zu helfen. Auch wenn sie sich manchmal dagegen wehren. Begriffen?«

»Wäre mir aber lieber gewesen, ich hätte das eher gewußt. Vierzig Jahre lang von einem zum andern. Ich hätte es leichter ertragen, wenn ich gewußt hätte, daß ich den Behandelnden einen Dienst erweise.«

»Es sollte aber nicht leicht für dich sein. Durch Schmerzen bist du auf den spirituellen Weg gekommen, hast du das vergessen?«

Ich *hatte* es fast vergessen.

»Also werde ich nicht mehr stänkern, wenn mir etwas wehtut, sondern es als Dienst an der Menschheit ansehen.« Ich muß das wohl etwas großspurig oder überheblich gesagt haben, denn seine Antwort darauf war sehr streng: »Du sollst das in Demut annehmen und Gott danken, daß du dies tun darfst, du widerborstiges Balg!«

Ich versprach, mich sehr zu bemühen.

Ein Zipfelchen Glück

Höheren Ortes war beschlossen worden, daß ich einen bestimmten Menschen treffen sollte. Was da alles veranstaltet wurde, um mich zu dem Zeitpunkt an den Ort zu bringen, wo sich besagter Mensch aufhielt, das war schon abenteuerlich. Ich muß weit ausholen, um das auf die Reihe zu bekommen. Ich mußte für eine Woche ins Krankenhaus, um eine Infektion auszukurieren, die ich mir, so verrückt es klingt, kurz zuvor im Krankenhaus eingefangen hatte, als ich eine Freundin besuchte. Der Chefarzt meiner Abteilung war ein ganz besonders lieber Mensch. Einige Tage nach meiner Entlassung mußte noch ein Test gemacht werden. Als ich dann, um nach dem Ergebnis zu fragen, jubelte er förmlich in den Apparat: »Machen Sie, daß Sie auf den Kanal kommen. Es ist alles in Ordnung!«

Ich hatte ihm von unserem Boot und den Urlaubsplänen erzählt. Eigentlich hatten wir ganz woanders hinfahren wollen, aber durch die Krankheit blieb für die Ostsee zu wenig Zeit. So gondelten wir gemütlich zum Elbe-Seitenkanal, scherzhaft der Heide-Suez genannt, besuchten Freunde und machten uns nach ein paar Tagen wieder auf den Heimweg. Am letzten Tag gab unsere Bordtoilette ihren Geist auf. (Unsinn, eine Toilette hat keinen Geist, sagen wir also in der Umgangssprache: Sie ging kaputt, und es stank im Schiff).

Dies hielt uns drei Tage auf, denn eigentlich wollten wir am nächsten Tag in die andere Richtung starten. Und zwar aus einem ganz bestimmten Grund. Am Ende des Mittellandkanals, wo er in den Dortmund-Ems-Kanal übergeht, gibt es eine wunderschöne Stelle. Eine große Wasserfläche, bewaldete Hügel rahmen sie ein, es ist richtig romantisch. Von diesem Fleckchen hat man eine Luftaufnahme gemacht, die man dort kaufen kann. Es ist absolut die einzige Postkarte vom Kanal. Und ich wollte unbedingt dahin. Bloß um eine solche Karte zu kaufen und an den netten Chefarzt zu schicken. Gesagt habe ich das natürlich nicht, mein lieber Mann hätte mich vielleicht für leicht bescheuert gehalten. Ich sagte also nur mit sehnsüchtigem Blick, daß ich gerne einmal wieder nach »Bahrmann Beach« wollte. (Der Name kommt von dem Schiffsausrüster, der auch die Postkarten verkauft). Wir kamen also drei Tage später als geplant dort an. Jedes Mal, wenn mein Mann geschimpft hatte, daß alles anders kam, als wir es vorgehabt hatten, sagte ich ihm, es würde schon seinen Grund haben. Er wollte es ja auch einsehen, aber nöckelig war er doch. Ich nicht.

Als wir nun vom Anleger zu Bahrmanns Laden schlenderten, sahen wir davor einen Mann auf den Knien vor einem Blumentrog liegen. Er sah auf, als wir ankamen und begrüßte uns. Ich sah ihm in die Augen, und es begann mir im Nacken leicht zu kribbeln. Noch nie hatte ich derart strahlende Augen gesehen. Es war von einem himmlischen Blau mit einem Leuchten, das mich einhüllte wie ein wärmendes Feuer. Er frotzelte los auf »Deubel komm raus«, und ich mit meinem losen Mundwerk gab ihm kräftig kontra. Und dann kam der Schock! Als wir in den Laden gingen, kam er auf allen Vieren nach.

»Ich bin Rollstuhlfahrer«, erklärte er fröhlich, »aber für diesen kurzen Weg hole ich ihn nicht erst vom Schiff.«

Vom Schiff!!! Ich hatte gedacht, er sei dabei, die Blumen in den Trögen zu versorgen, und hätte deshalb Knieschützer getragen.

Das Schiff hatten wir schon bewundert. Es sah aus wie eine Hochzeitsbarke, von oben bis unten voll Blumenkästen, aus denen es mit einer solchen Üppigkeit quoll, daß man das Boot darunter nur ahnen konnte.

Nach dem ersten Schreck, der mir die Sprache verschlagen hatte, erzählte er von sich und ich von mir. Er war nämlich auch Bücherschreiber. Mitten im Gespräch unterbrach er sich, sah mich plötzlich ganz ernst und eindringlich an und sagte: »Mädchen, was hast du für eine Ausstrahlung!«

Aha, dachte ich, der kann Antaares hinter mir spüren. Denn wenn Licht von mir ausgeht, kommt es ja von meinem Engel. Jetzt sah ich auch ihn intensiv an, und es durchzuckte mich: Das ist ein Engel!

Ob er selbst es weiß oder nicht, es ist so. Am nächsten Tag trafen wir ihn wieder. »So ein Zufall«, lachte er. »Aber eigentlich nicht, ich habe mir so sehr gewünscht, euch wiederzusehen.«

Obwohl er so wie wir ganz was anderes vorgehabt hatten für den Tag, blieben wir zusammen. Fünf Stunden saßen wir am Anleger im kalten Wind und redeten. Es waren die geistvollsten und fröhlichsten Stunden, die wir je mit einem Menschen erlebt haben.

Am nächsten Tag schrieb ich:

> *Ich glaube, ich hab' einen Engel geseh'n,*
> *Sein Antlitz so freundlich, so wunderschön.*
> *Er saß im Rollstuhl in Menschengestalt,*
> *Aus seinen Augen die Seligkeit strahlt.*
> *Ein helles Leuchten war um ihn her,*
> *Und meine Seele wünschte sich sehr,*

Ein Stücklein des Weges bei ihm zu sein,
Um mich zu erfrischen in diesem Schein.
Und so geschah es, für einige Stunden
Haben die Erde wir überwunden.
Wir sprachen von Gott und dem Paradies,
Und als er uns am Morgen verließ,
Da ließ er ein Stück davon zurück.
Uns blieb sein Licht und ein Zipfelchen Glück!

Pater Pio

Mir saß mal wieder die Kehle zu. Derselbe fiese Zustand, den ich schon kannte. Mein Arzt hatte damals gesagt, ich müsse selbst herausfinden, was ich nicht schlucken wollte. Das nächste Mal passierte es, als ich mir eine Kristallpyramide um den Hals gehängt hatte. Als ich meinen Engel fragte, bekam ich zur Antwort, ich solle mal in mich gehen, dann würde ich es schon herausfinden. Er hatte recht. Im Grunde wußte ich es auch, aber wer hat es schon gern, wenn er sich die eigene Unzulänglichkeit unter die Nase reiben, bzw. vor Augen halten muß. Seit Wochen drückte ich mich vor dem Schreiben. Ich hatte noch ein anderes Buch in Arbeit außer dem Manuskript mit Antaares. Aber ich hatte immer eine Ausrede, wenn ich mich eigentlich an den Computer hätte setzen müssen. Rasenmähen, Unkraut rupfen, Hausarbeit, ja, ich zog sogar das Staubwischen, sonst am meisten verhaßt, dem Schreiben vor. Und ich las. Mir waren die Krimis von Edgar Wallace in die Finger geraten, die ich in meiner Jugend verschlungen hatte. Vier Wochen nicht schreiben, obwohl Antaares eine Begebenheit aufgeschrieben haben wollte, eine Woche nur Krimis lesen und außerdem noch jeden Tag irgendwelche Alkoholitäten. Nein, so etwas durfte ich nicht. Ach, es war aber doch so schön bequem! Und wenn ich nicht so will, wie mein innerlicher

Mensch, dann gibt es eben etwas auf den Hut. Nach drei Tagen Druck sitze ich jetzt also bußfertig an meinem Bildschirm und erzähle die Geschichte von Pater Pio.

Pater Pio, ein Mönch, der vor dreißig Jahren starb, war jetzt vom Papst selig gesprochen worden. Pater Pio war stigmatisiert, hatte viele Menschen geheilt und Wunder getan. Ich hatte von ihm schon zu seinen Lebzeiten gehört und gelesen. Ich sehe mir im Fernsehen nie Talkshows an, aber eines nachmittags blieb ich beim Durchchecken bei »Fliege« hängen. Ein Arzt berichtete, daß bei der Behandlung eines schwerkranken Kindes die Angehörigen den verstorbenen Pater Pio um Hilfe gebeten hätten. Dann sei auf einmal ein wunderbarer Rosenduft im Zimmer gewesen. Dem Kinde sei es daraufhin sehr viel besser gegangen. Noch ein anderer Gast berichtete Ähnliches. Ich wußte, daß dies alles so geschehen war. Pfarrer Fliege tat sich etwas schwer damit. Ich freute mich, diese Sendung gesehen zu haben, dachte mir aber weiter nichts dabei. Als ich gegen Abend ins Badezimmer ging, fing ich an zu schnuppern, ein fremder Duft. Ich fragte meinen Mann, ob er sich heimlich ein neues Aftershave gekauft habe.

»Ich habe mich heute Abend noch nicht rasiert, das siehst du doch.«

Ich ging wieder ins Badezimmer, schnupperte. Es roch jetzt stärker, es roch eindeutig nach Rosen.

»Lieber Pater Pio, es ist schön, daß du vorbeikommst, aber warum ausgerechnet im Badezimmer? Es ist doch seltsam, auf der Toilette zu hocken und Rosenduft um sich zu haben. Warum nicht an meinem Meditationsplatz, das wäre viel passender.«

Antwort bekam ich natürlich keine, hatte nur den Eindruck, daß mein Engel kicherte. Mein Mann kam herein, hob die Nase erwartungsvoll schnüffelnd in die Luft, wie ein

Hund, der einen Knochen riecht und sagte enttäuscht: »Ich rieche nichts.«

Das verstand ich nicht.

Seit ein paar Tagen schlief mein Mann nicht in unserem Ehebett, sondern im Gästezimmer, weil er wegen einer Erkältung schnarchte wie eine Baumsäge. Dabei konnte ich nicht schlafen. Abends ging ich in sein Zimmer, um ihm gute Nacht zu sagen. Als ich mich herunterbeugte, um ihn zu küssen, stieg mir wieder der Rosenduft in die Nase.

»Schatz, jetzt riechst du wie ein ganzes Rosenbeet«, sagte ich, und er wieder: »Ich rieche nichts.«

Jetzt wollte ich es aber genau wissen.

»Antaares, warum riecht mein Mann die Rosen nicht. Es war so stark, daß man beinah betäubt wurde. So erkältet ist er doch nicht?«

»Er war nicht da, wo du warst.« »Nun kapiere ich gar nichts mehr. Wir waren doch im gleichen Raum.«

Beinah hätte ich hinzugesetzt: »Du spinnst ja.« Aber ich brauche gar nicht erst zu versuchen, etwas für mich zu behalten, er weiß ja immer, was ich denke. Er war aber nicht gekränkt. Er versuchte, mir diesen scheinbaren Widerspruch zu erklären.

»Deine ganze Seele ist nicht immer da, wo dein Körper ist. Ein Teil von dir suchte unbewußt eine Bestätigung für die Geschichte von Pater Pio. Dieser Teil kann sich leicht, ohne dein Wissen, vom Körper entfernen. Das hat er getan, und auf dieser Reise auch mit dem Geist des Paters kommuniziert. Als er zurückkam, brachte er den Duft mit. Da er aber allein von deinem Geist kam, konnte dein Mann ihn nicht riechen. Ist das für dich verständlich?«

»Doch, ein bißchen schon«, antwortete ich zögernd. Ich war etwas verwirrt. Daß sich ein Teil von mir einfach selbständig machte, ohne sich abzumelden oder um Erlaubnis zu fragen, war mir ein wenig suspekt. Man glaubt ja immer, man hat sich selbst im Griff. Da gibt es also Dinge, auf die ich mit meinem Tagesbewußtsein absolut keinen Einfluß habe.

»Darüber mache dir mal keine Gedanken. Du siehst ja, wenn du in verbotene Gefilde abschwirrst, zum Beispiel acht Tage Krimis lesen, dann wirst du unter Druck zurückgeholt. Damit du keinen Schaden nimmst. Ab und zu zur Entspannung mal einen Krimi und ein Glas Wein, das weißt du, ist durchaus erlaubt.«

»Eigentlich darf ich ja nie mehr machen, was ich will. Sobald ich aus der Reihe tanze, gibt es etwas auf den Deckel.«

»Falls das ein Vorwurf in meine Richtung ist«, erwiderte mein Engel gelassen, »war es ein Schuß in den Ofen. Erst betest du intensivst um deine Besserung, um Gottes Gnade und Hilfe, ja sogar um Erleuchtung, und wenn du dann auf den richtigen Weg geführt wirst, meckerst du. Soll ich dir mal etwas sagen? Du kannst mich ...«

»Nein, sag das nicht, ich bin ja schon ganz friedlich, ich tue alles, was ich soll.«

»Also, was du eben gedacht hast, habe ich nicht sagen wollen, bä, was für fiese Gedanken!«

Nein, wirklich, so etwas sagt ein Engel nicht.

Die Maus

Wir wohnen im Grünen und haben ein Fertighaus. Böse Zungen nennen unser Domizil ein Papphaus. Im Garten wohnen Igel, Amseln und vor allen Dingen Mäuse. Manchmal sitzt eine auf der Fensterbank vor der Küche und hofft auf etwas Eßbares. Ich scheuche sie weg, aber hartnäckig sitzt sie immer wieder da. Ich weiß zwar nicht, ob es immer dieselbe Maus ist, habe aber den Verdacht. Jetzt hatte das Tierchen es geschafft, auf den Dachboden zu kommen und arbeitete sich von da aus mit hörbarem Gekratze unter der Dachkante durch. Ob es sich durch die Holzwände, die ja mit Steropor isoliert sind, nach unten hindurchgefressen hat oder vom Dachboden heruntergefallen ist, wissen wir nicht, jedenfalls saß sie auf dem Balkon. Wir gingen hinaus, sie sauste einmal in die Runde und blieb dann in einer Ecke sitzen.

»Bring schnell ein großes Glas«, rief mir mein Mann zu. Ich fegte in die Küche, aber ein so großes Glas, daß die Maus hineinpaßte, ohne sich den Schwanz einzuklemmen, fand ich so schnell nicht. Ich ging in die Stube an den Kristallschrank. Eine geschliffene Sektschale erschien mir zwar etwas übertrieben zum Mäusefangen, aber es war nichts anderes da. Ich ging damit auf den Balkon und fand Mann und Maus einander gegenüber und sich anstarren.

»Die läßt dich doch nie an sich heran«, sagte ich skeptisch. Dann traute ich meinen Augen nicht. Heinz ging zu der Maus. Sie blieb seelenruhig sitzen und ließ sich das Glas überstülpen. Ein Kehrblech vorsichtig darunter geschoben, und das war dann die Zwangsräumung. Die gefangene wurde zum nahen Wald getragen und freigelassen.

»Sag mal,« fragte ich abends meinen Engel, »hast du der Maus auf den Schwanz getreten, daß sie da hocken blieb und uns bloß dumm anguckte? Eine Feldmaus läßt sich doch nicht so einfach fangen.«

»Ich trete niemanden auf den Schwanz«, antwortete Antaares empört »Was traust du mir eigentlich zu?«

»Wieso blieb sie denn so brav sitzen?«

»Erstens sind Mäuse nicht dumm. Sie wußte, daß es keinen Ausweg gab. Zweitens merkt sie, ob jemand kommt, der ihr liebevoll helfen will, und drittens brauchte sie sozusagen nur über eure Schulter gucken und sieht einen Engel. Tiere können uns besser wahrnehmen als Menschen.«

»Also, auf die Idee, daß Mäuse Engel sehen können, wäre ich nie gekommen. So wie ich dich verstanden habe, können alle Tiere euch besser erkennen, als ein Mensch es könnte.«

»So ist es!«

»Manchmal wird man gefragt, wenn man ein Tier werden könnte, was man dann sein möchte. Ich habe immer geschwankt zwischen Adler oder Delphin. Aber jetzt hätte ich gerne ganz kurz mit der Maus getauscht, um dich zu sehen.«

»Wie pflegst du dich auszudrücken, wenn jemand Unsinn redet?«

»Der hat ja nicht alle Hühner auf der Terrasse!«

»Genau das meine ich!«

Die Muschel

Ich beugte mich zum Topfschrank hinunter, um einen Kochtopf herauszunehmen und hielt plötzlich die Muschel in der Hand, die dort schon, wer weiß wie lange, ihr Dasein fristet. Ich habe keine Ahnung, wie sie da hinkommt. Ich wollte mich mit der Muschel in der Hand wieder aufrichten, erstarrte aber in der Bewegung zur Salzsäule. In dem Augenblick, als ich sie berührte, war es, als ginge in meinem Kopf ein grelles Licht an und erhellte eine Begebenheit, die vor fünfundvierzig Jahren in London passiert war. Ich sah auf die Muschel in meiner Hand und sagte: »Eine Muschel kann doch gar nicht brennen.«

Folgendes war passiert: Ich war als Au-pair-Hilfe nach London in eine Familie gegangen. Mein Zimmer lag im obersten Stockwerk, die Fenster gingen in den parkähnlichen Garten hinaus. Eines nachmittags rauchte ich in der Mittagspause noch eine Zigarette, ehe ich mit den Kindern in den Garten ging. Plötzlich quoll aus meinem Zimmerfenster dicker Rauch, dem schnell helle Flammen folgten. Das ganze obere Stockwerk brannte aus, der Rest des Hauses wurde vom Löschwasser unbewohnbar gemacht. Man sagte mir, meine Zigarette sei nicht ganz aus gewesen, und die Muschel, die ich als Aschenbecher benutzte, habe angefangen zu brennen. Ich war so verstört, daß ich nicht darauf antworten konnte. Ich glaubte alles, was man mir erzählte. Natürlich konnte ich nicht in der Familie bleiben. Ich bekam Arbeit in einem Krankenhaus, aber die Familie setzte es durch, daß ich ausgewiesen wurde. Dann schrieben sie einen Brief an meine Eltern, ich sei betrunken gewesen. Es war eine schreckliche Zeit. Am meisten tat mir meine Mutter leid. Ich konnte ihr immer nur versichern, daß ich nichts getrunken hatte. Ob sie mir geglaubt hat, weiß ich nicht. Noch jahrelang lastete dies alles auf mir, konnte ich oft abends nicht einschlafen mit meinen Schuldgefühlen. In den letzten Jahren hatte ich alles erfolgreich, wie ich meinte, verdrängt. Und nun dies! Plötzlich wußte ich mit absoluter Klarheit, daß nicht ich das Feuer verursacht hatte. Wenn ich damals nur eine Minute richtig nachgedacht hätte, wäre es mir bestimmt seltsam vorgekommen, daß ein Zigarettenstummel in so kurzer Zeit ein solches Feuer auslösen konnte. Und warum hatte man mich nicht wegen fahrlässiger Brandstiftung haftbar gemacht? Warum hatte man es so eilig, mich aus dem Land zu kriegen? Alles Dinge, die ich mich damals nicht gefragt hatte.

Jetzt war mir klar, daß es keine nähere Untersuchung geben durfte, die vielleicht meine Unschuld bewiesen hätte. Nur, warum und auf welche Weise habe ich dies Wissen heute, fünfundvierzig Jahre später, bekommen? Ich mußte mit Antaares darüber reden.

»Antaares, hast du da deine Hände im Spiel?«

»Ganz gewiß nicht. Ich kann dir aber erklären, was passiert ist, daß du jetzt diese Informationen erhalten hast. Der Brandstifter von damals ...« »... sagtest du Brandstifter? Das darf doch nicht wahr sein!«

»Es ist aber so. Der Mann war in finanziellen Schwierigkeiten, und nichts war einfacher, als ein Mädchen zum Sündenbock zu machen, das aus dem Ausland kam und das man schnell wieder abschieben konnte. Nun hat dieser Mensch seinen Körper verlassen. Das Wort ›gestorben‹ benutze ich nicht gern. In Wirklichkeit gibt es so etwas wie Tod nicht. Sein ganzes irdisches Dasein hat er sich gefreut, daß ihm niemand auf die Schliche gekommen ist. Nun stell dir sein Entsetzen vor, wenn er in der Seelenwelt ankommt und steht sofort wie am Pranger. Denn dort gibt es kein Verheimlichen mehr. An seinem Gewand kann jeder sehen, was der gute Mann auf dem Kerbholz hat. Dann ist da noch deine Mutter. Sie hat dir damals nicht geglaubt, daß du nicht getrunken hattest. Nun weiß sie es besser. Beide bitten dich um Vergebung.«

Ich war so verwirrt, daß ich zunächst keinen klaren Gedanken fassen konnte. Nicht im Traum wäre ich auf die Idee gekommen, der Captain selber habe das Feuer gelegt. Immer noch stand ich mit der Muschel in der Hand vor dem Topfschrank.

»Stehst da wie Lots Weib«, frotzelte Antaares. »Fang mal an, dich zu freuen.«

Das war leichter gesagt als getan. Zunächst überwog das Entsetzen, daß ein Mensch so etwas tun kann. Und wenn ich da ganz durch bin, dann kann ich vergeben und für ihn beten.

Michael Landon

Wir standen zu viert in einem Laden, der »Leben im Licht« hieß, und sprachen über Engel. Es war wunderbar. Gaby berichtete, wie sie den Namen ihres Engels erfahren hatte. Sie hatte eine Felswand gesehen, auf der ein Buchstabe nach dem andern erschienen war, bis der Name »Antonius« herauskam. Steffi sagte, wie sehr es sie freue, daß die Sendung »Ein Engel auf Erden« mit Michael Landon wieder im Fernsehen lief. »Ich sehe das jetzt mit ganz andern Augen als früher, als ich dein Buch noch nicht kannte. Jetzt glaube ich, Michael war wirklich ein Engel.«

»Michael ist seit einigen Jahren tot«, sagte ich, »aber ich habe gehört, daß in Amerika Leute, die in Not sind, ihn um Hilfe bitten und daß das auch funktioniert. Mich wundert das nicht.«

Die anderen stimmten zu, und dann war es einen Moment lang still, weil wir alle intensiv an Michael dachten. Wer es als erster sagte, weiß ich nicht mehr. Es fielen die Worte: »Mein Gott, hab ich eine Gänsehaut!«

Wir guckten uns an. Alle hatten nasse Augen, rieben sich die Arme oder fuhren mit den Fingern über den Nacken.

»Mir stehen die Haare zu Berge«, flüsterte Steffi. Mir saß ein so dicker Kloß im Hals, daß ich erst überhaupt kein

Wort herausbrachte. Wieder war es eine Weile still, aber jeder fühlte, daß wir nicht mehr nur zu viert waren.

»Ich bin ganz sicher, er ist hier.« Ich sagte das so sicher, als hätte ich ihn gesehen.

Die anderen nickten. In einem richtig frommen Buch hätte jetzt gestanden, es durchfuhr uns ein heiliger Schauer. Aber was mir durch den Kopf fuhr, war so außergewöhnlich, daß ich den Mund sofort wieder zuklappte, als mir der tiefere Sinn dieser Worte, die ich im ersten Moment hatte aussprechen wollen, aufging. Es war der Satz, den Christus zu seinen Jüngern spricht: »Wo zwei oder drei versammelt sind in meinem Namen, da bin ich mitten unter ihnen.« (Mt. 18, 20)

Also sagte ich gar nichts, und wir warteten, bis wir uns wieder normal fühlten und die Gänsehaut wieder weg war.

Es ließ mir jedoch keine Ruhe, und ich fragte Antaares, was es damit auf sich hatte.

»Wer war denn nun da, Michael oder –«, ich traute mich kaum, es auszusprechen, »Jesus?«

Und nun wird es für mich wieder schwierig. Ich hatte die Antwort bekommen, ich fühlte genau, was geschehen war, aber dafür Worte zu finden, erschien mir unmöglich. »Antaares, hilf doch mal.«

»Es ist doch ganz einfach. Michael ist ein Engel, ein Engel hat Christusbewußtsein. So, und wenn Michael zu euch gekommen ist, so kam er mit seinem Christusbewußtsein, und das gab dir diese Worte ein. Ob DER Christus in Jesus oder in Michael bei euch war, ist nicht wichtig«.

Das sah ich ein.

Lampionfahrt

Es war ein wunderschöner Anblick. Zwanzig weiße Yachten, über die Toppen geflaggt, verließen den Hafen und fuhren im Konvoi auf dem Kanal Richtung Osten. Unsere »Binz« mittendrin. Im Herbst, wenn die Tage schon kürzer werden, veranstaltet der Motoryachtclub eine Lampionfahrt. Alle Skipper haben außer mit Flaggen ihre Schiffe mit Lichterketten geschmückt. In einem Industriehafen, wo die Pier so lang ist, daß alle Schiffe hintereinander liegen können, wird festgemacht. Dann wird gegrillt, und es gibt ein Faß Bier. Irgend jemand spielt Shantys auf dem Schifferklavier, es wird getanzt und gesungen. Ja, und inmitten dieser fröhlichen Feier spricht mich eine junge Frau an. Ich weiß jetzt wirklich nicht mehr, was sie zu Anfang sagte. Plötzlich erzählte sie mir, daß ihre Mutter vor kurzem gestorben sei. Sie weinte, als sie sagte: »Ich wollte ihr noch so viel sagen, sie so viel fragen, ich halte es fast nicht mehr aus!«

In meinem ersten Buch, das ich schrieb, ist eine Erzählung, die heißt »Nächtliche Reisen«. Damals sprach ich noch nicht mit meinem Engel. Ich schrieb sie unter dem Eindruck eines anderen Buches, das ich gelesen hatte. Es war »Reisen in die Unsterblichkeit« von Robert James Lees. Daß alles darin der Wahrheit entsprach, erfuhr ich später durch meinen Engel. Immer, wenn jemand so sehr trauerte, gab ich ihm diese Geschichte zum Lesen. Das konnte ich jetzt nicht, also erzählte ich ihr das für sie Wichtigste. Und zum besseren Verständnis füge ich jetzt die »Nächtlichen Reisen« hier ein.

Nächtliche Reisen

Jeden Abend, wenn der Schlaf-Engel dich in seine Arme genommen hat, steht der Reise-Engel bereit. Er hebt deinen Ätherleib aus dem Körper und fliegt mit ihm in das Reich der Seelen, während der Schlaf-Engel deinen Körper bewacht. Was immer an dem Tag geschehen ist, was du getan oder unterlassen hast, hier wird dir gezeigt, welche Folgen deine Taten haben, was aus göttlicher Sicht gut war und was du hättest besser machen können. Wenn du Unrecht getan hast oder böse Gedanken hattest, dann bringt dich der Engel zum Tempel der Einsicht und der Buße. Wie in einem Film wird dir dein falsches Handeln, jede Unterlassungssünde, jeder schlechte Gedanke mit all seinen Folgen vor Augen geführt. Der Tempel ist sehr groß, unendlich viele Seelen versammeln sich hier jede Nacht. Ein jeder sieht seine eigenen Fehler, niemand kann die eines andern sehen. Lautes Klagen erfüllt die hohen Räume. Jeder betet darum, sich am nächsten Tag daran zu erinnern, was ihm hier gezeigt wurde. Aber den wenigsten gelingt es. Wenn sie am nächsten Tag wieder in ihrem Körper sind, sprechen sie von schlechten Träumen. Geldgier, Machthunger und Wollust haben von ihnen Besitz ergriffen. Die göttliche Seele trauert in diesem Gefängnis, das doch eigentlich der Tempel des Herrn sein sollte. Sie wehrt sich gegen ihn und macht ihn krank, um befreit zu werden. Der Mensch jammert und stöhnt über seine Leiden und glaubt doch niemals, daß er sie selbst verursacht hat. Christus sprach zu dem Geheilten: »Gehe hin, und sündige hinfort nicht mehr.«

Wenn man dir Leid zugefügt hat, bringt dich der Engel in den Tempel des Trostes. Dieser ist wunderschön. Blumen in den herrlichsten Farben erfreuen dein trauriges Herz, liebevolle Engel streicheln dein Haar und deine Hände. Ein Chor singt himmlische Weisen zum Lobe Gottes. Es wird dir erklärt, warum es besser ist, Unrecht zu leiden als zu tun. Ja, wenn dein Leid gar zu groß ist, nähert sich der Heiland selbst und spricht liebevolle Worte zu dir. Dein Herz wird erfüllt mit Zuversicht.

Hast du einen lieben Menschen verloren, so bringt dich der Engel in das Haus, in dem dieser jetzt wohnt. Du kannst die ganze Nacht mit ihm zusammensein und ihn in den Armen halten. Am andern Morgen sagst du dann, ein Traum habe dich getröstet.

Wenn du lange Zeit mit einem Problem beschäftigt bist, das du nicht lösen konntest, so bringt dich der Engel gerade dann, wenn du glaubst, es geht nicht mehr weiter, zum Tempel der Erkenntnis. Man zeigt dir die Lösung deines Problems, allerdings auch alle sich daraus ergebenden Folgen. Ob Atomspaltung oder die Erfindung eines neuen Medikamentes, jede Seele weiß um die Folgen, seien sie gut oder böse. Nur das Tages- und Ichbewußtsein des Menschen gibt dem Ruhm und dem äußeren Erfolg den Vorrang.

Hast du an dem vorangehenden Tag eine gute Tat vollbracht, deinem Nächsten selbstlos geholfen, so kommst du in den schönsten Tempel, den Tempel des Dankes. Wenn dir die Menschen den Dank verweigert oder dir sogar mit Undank wehgetan haben, so bekommst du hier den schönsten Lohn für deine Nächstenliebe. Dir zu Ehren erklingen die wunderbarsten Hymnen, köstliche Kleider umhüllen dich, und alle Engel dienen dir.

Kurz bevor die Nacht um ist und du wieder in deinen Körper zurückmußt, bringt dich dein Engel zu dem Haus, in dem du wohnen wirst, wenn die Silberschnur, die dich mit deinem Körper verbindet, gerissen ist und du das erleidest, was die Menschen den Tod nennen. In dieses Haus nimmst du alles mit, was dir in jeder Nacht gegeben wird. Christus spricht: »In meines Vaters Hause sind viele Wohnungen und ich gehe hin, euch die Stätte zu bereiten.« Christus bereitet dir die Stätte, doch ausschmücken tust du sie selber. Hast du dein Leben lang Böses getan und selbstsüchtig gehandelt, wird dein Haus dunkel sein und alles, was darin ist, wird dich quälen. Denn Christus spricht: »Es kommt aber keiner davon, ehe der letzte Heller bezahlt ist.« Ohne das Leiden und Sterben Christi würdest du für alle Ewigkeit in dieser Dunkelheit bleiben. Hast du aber gebüßt und von Herzen bereut, wird dir Christus die Hände reichen und dich erlösen nach seinem Wort: »Ich bin der Weg, die Wahrheit und das Leben!« Dann wirst du mit ihm im Paradiese sein.

Wohl dem, der den Weg Jesu jeden Tag seines Lebens zu gehen versucht. Wie oft er auch strauchelt, Gottes Engel sind immer bei ihm, und jedes Gebet um Vergebung wird erhört werden.

Da war ein junger Pilot, der fast täglich seine Maschine über ein dichtbesiedeltes Gebiet flog. Eines Tages fing eines der Antriebsaggregate Feuer. Der Pilot hätte sich mit dem Schleudersitz retten können. Aber er hielt die Maschine so lange wie möglich in der Luft, damit sie nicht auf die Stadt stürzte. Das gelang ihm auch, aber für ihn war es zu spät.

Der Todesengel stand neben dem zerschmetterten Körper, als sich der Ätherleib daraus erhob. Der Pilot sah den Engel, streckte ihm beide Hände entgegen und sprach die Worte, die er schon tausendmal gesprochen hatte, wenn es aufwärts ging: »Ready for take off!«

Da lachte der Engel, nahm ihn in die Arme und brachte ihn zu dem Haus, das auf ihn wartete. Es war das hellste und schönste weit und breit, denn jedes Dankgebet aus der verschonten Stadt war ein Licht darin. Auf der Schwelle stand Jesus Christus selbst und führte ihn hinein, denn der Pilot hatte, wie Jesus, sein Erdenleben für seine Nächsten dahingegeben.

Noch während ich erzählte, ergriff mich auch eine große Traurigkeit, und ich fing an zu weinen. Plötzlich hatte ich das Gefühl, es stehe jemand neben mir. Meine Nackenhaare stellten sich auf, eine Gänsehaut ging mir den Rücken hinab, und ich konnte kaum noch sprechen. Die junge Frau starrte mich an. Ich nahm sie in die Arme. »Deine Mutter ist hier, ich fühle es.«

Sie klammerte sich an mich, und wir beide schluchzten um die Wette. Mein Mann kam, sah sich das an und sagte nur: »Ach du liebe Zeit, schon wieder?«

Wie lange wir da standen und heulten wie zwei kleine Schloßhunde, weiß ich nicht. Ich verstehe auch nicht, warum es keiner bemerkt hat. Unter achtzig vergnügt Feiernden stehen zwei, heulen sich die Seelen aus dem Leib und sind anscheinend unsichtbar geworden. Als wir uns endlich beruhigt hatten und uns losließen, sah ich, daß sie glücklich lächelte. »Jetzt ist alles gut«, flüsterte sie. Ich brauchte zwei Schnäpse (ich trinke sonst nie Schnaps), bis ich mich wieder halbwegs auf der Erde fühlte.

Als es dunkel geworden war, legten die Schiffe ab. Nun waren alle Schiffe beleuchtet. Er war herrlich, dieser strahlende Konvoi auf dem dunklen Wasser. Ich stellte mir vor,

Antaares hockt ganz oben in der Saling, bewacht Menschen und Schiffe und genießt diesen Anblick auch.

»Ich saß nicht auf der Saling«, verbesserte er mich, »ich bevorzuge die Backskiste!«

Der letzte Heller

Der erste Weihnachtstag! Der Wetterbericht hatte dicke Wolken, Regenschauer und für die Jahreszeit zu milde Temperaturen vorhergesagt. Na ja, mit 5°C über Null war es wirklich nicht kalt. Langsam stieg eine etwas bleichsüchtige Sonne über dem Gebirgskamm empor. Aber sie brachte es fertig, die zarten Wolkenschleier rosa zu färben, so daß sie sich vor dem blauen Himmel ausnahmen wie verstreute Himbeerbonbons. Ein unbeschreiblich schönes Licht lag über der Ebene und die fernen Berge hatten sich rosa getönte Schals um den Hals gewickelt. Ich stand am Fenster und hielt es beinah nicht aus.

»Es ist so schön, daß es fast nicht zu ertragen ist. Antaares, halt mich fest, sonst muß ich weinen.«

»Weiß ich, du heulst ja bei jeder Gelegenheit los. Mach dir nichts daraus. Das sind Tränen, die Gott liebt.«

»Antaares, findest du nicht, daß ich viel mehr bekommen habe in meinem Leben, als ich verdiene? Den besten Ehemann der Welt, ein schönes Haus, keine Geldsorgen und bis auf meine ewigen Rückenschmerzen, an die man sich in fünfzig Jahren gewöhnt hat, geradezu unverschämt gesund, wie mein Arzt nach dem letzten Check behauptet hat. So ein guter Mensch bin ich doch nie gewesen, daß ich mit solchem Segen überschüttet werde.«

»Du kannst weder zuviel noch zuwenig bekommen. Es steht geschrieben: ›Es kommt aber keiner davon, ehe nicht der letzte Heller bezahlt ist.‹ (Lukas 12, 59). Das gilt nicht nur für Menschen, sondern auch für Gott.«

»Wie bitte?«

»Toll, daß du ›wie bitte‹ sagst. Du hast richtig etwas gelernt. Wenn ich dich sonst überrascht habe, kam nur ›hä?‹. Ich bin beeindruckt.«

Obwohl er recht hatte, fühlte ich mich auf die Schüppe genommen. »Also, erklärst du mir es jetzt oder wollen wir blödeln?«

»Ist ja gut, ich mach ja schon. Es steht geschrieben: ›Alles, was ihr getan habt einem von diesen meinen geringsten Brüdern, das habt ihr MIR getan.‹ (Matthäus 25, 40) Das heißt, alles was du Gutes tust, hast du für IHN getan. Und ER zahlt es auf Heller und Pfennig zurück. Aber nicht nur die Taten, die wirklich Hilfe brachten, werden belohnt. Eine Anstrengung, die unternommen wurde, um jemandem zu dienen oder zu helfen, wird auch dann anerkannt, wenn sie scheinbar erfolglos war. Auch jeder gute Gedanke, den du ausschickst, jedes Gebet, das einem Menschen in Not gilt, wird sozusagen deinem Konto gutgeschrieben. Allerdings auch das Böse. Alles wird ausgeglichen. Es kommt nur nicht immer aus der gleichen Ecke, in die es geschickt wurde. Wenn zum Beispiel jemand einem anderen Pest und Hölle an den Hals wünscht, dann fragt er sich nach Jahren vielleicht verzweifelt, warum gerade er Krebs, Rheuma oder sonst eine Krankheit bekommt. Wer Haß aussendet, bekommt ihn in verschiedenster, aber immer in schlimmer Form zurück. Wer Liebe ausstrahlt, bekommt sie in schönster Form zurück. Nichts ist so gering, daß es dich nicht wieder erreicht.«

»Habe ich soviel Gutes getan, von dem ich nichts weiß? Ich habe auch schon jemanden mit Wut und Haß verfolgt. Kamen meine Krankheiten, die ich bisher hatte, davon?«

»Nicht nur; du weißt, daß ein Teil deiner Schmerzen karmisch bedingt ist. Aber auch ein Teil dessen, was dir an Gutem gegeben ist in diesem Leben. Es gibt kein Leben ohne Gut und Böse. Das ist die Dualität, in der ihr lebt. So wie es Tag und Nacht geben muß. Aber alles überwindet die Liebe. Doch das weißt du ja schon.«

»Wissen, ja, aber mit der Praxis hapert es. Es gibt Dinge und Menschen, die kann ich einfach nicht lieben. Die kann ich nicht riechen, die gehen mir auf den Keks. Die machen mich stinkwütend.«

»Weiß ich auch. Aber reg dich nicht auf, du hast noch Zeit, dich zu bessern!«

»Ich werde mir alle Mühe geben!«

»Ich mir auch, darauf kannst du dich verlassen!«

Kann man mit Brennesseln reden?

Unser Boot lag im Kanal an der Spundwand. Heinz saß auf dem Achterdeck und korrigierte Klassenarbeiten. Ich ging bummeln. Ganz in der Nähe war eine Fußgängerbrücke. Ich ging über die Brücke und kam an einen schmalen, romantischen Weg. Nach ein Paar Schritten verging mir die Romantik beim Anblick dutzender verbeulter Bierdosen. Außerdem lag da noch ein grünes Badetuch im Straßenstaub herum. Ich ärgerte mich. Antaares lenkte meinen Blick ins Gebüsch. »Guck mal, da liegt eine Plastiktüte, worauf wartest du noch?«

Gehorsam holte ich mir die Tüte und sammelte die Hinterlassenschaften der unordentlichen Zecher auf. Auf dem Rückweg zur Brücke fiel mein Blick – oder war es auch wieder mein Engel – auf die Brennesseln am Wegrand. Was guckte denn da heraus? Ein Müllbeutel, zwar ordentlich zugeknotet aber unordentlich entsorgt. Ich zögerte. Vor Brennesseln habe ich Angst. Ich bin einmal nur wenig bekleidet in einen Brenneselbusch gefallen. Bei der Gartenarbeit komme ich auch gelegentlich mit ihnen in Kontakt – igitt, wie lange das brennt!

»Es hilft nichts, hol ihn heraus!«

Das klang nach: Das ist ein Befehl. Also bückte ich mich und murmelte ohne jede Überzeugung vor mich hin: »Bitte nicht brennen, ich will euch nur von dem Dreck befreien«, griff in den Busch Nesseln und angelte den Beutel heraus. Ich fühlte, wie die Blätter mich streiften und besah mir verdutzt meine Hand. Sie hatten mich nicht gebrannt!

Ich hörte Antaares hinter mir kichern. »Damit hast du nicht gerechnet, was?«

»Wie sollte ich wissen, daß man mit Brennesseln reden kann?«

»Alles ist eins und eins ist alles, ebenso bist du eins mit allem.«

»Sogar mit Brennesseln«, murmelte ich. Eigentlich kann ich es trotz der Erklärung nicht recht fassen.

Beten

In der letzten Nacht wurde ich wach, als mein Arm begann zu schmerzen. Ein widerlicher Schmerz, der nicht von Dauer war, sondern in Abständen von zehn bis zwanzig Sekunden von der Schulter hinunterzischte. An einen Dauerschmerz kann man sich eher gewöhnen, aber hierbei war Einschlafen ein Ding der Unmöglichkeit. Ich kannte diese Schmerzen. Sie kamen davon, daß ein Halswirbel nicht mehr so saß, wie es sich gehörte. Normalerweise sauste ich sofort zum Chiropraktiker, der mir »den Kopf wieder zurechtsetzte« (man beachte den tieferen Sinn dieser Worte!). Aber es war die Nacht zum Ostersonntag, da gab es vor Dienstag keine Möglichkeit. Die Vorstellung, zwei Tage und zwei Nächte zu warten, trieb mir den Angstschweiß auf die Stirn. Eine Weile versuchte ich, den Kopf anders zu legen, den Arm in eine bessere Lage zu bringen. Vergeblich, die Schmerzen blieben wie sie waren. Der letzte Ausweg, beten. Aber nicht darum, daß die Schmerzen aufhörten, sondern um die Geduld, sie ohne großes Gejammer die zwei Tage zu ertragen. Ich begab mich in die Rückenlage und faltete die Hände. Aber nicht leicht die Finger ineinander, nein, ich schob sie so fest zusammen, wie es nur ging. Immer fester drückte ich sie zusammen, und dann, noch ehe ich dazu kam, mein Gebet zu sprechen, war alles vorbei.

Nichts tat mehr weh. Ehe ich mich von meiner Verblüffung erholt hatte, meldete sich Antaares: »Du siehst, daß oft nur der Vorsatz zu beten ausreicht. Steht auch geschrieben: ›Euer Vater weiß, was ihr bedürfet, ehe ihr denn ihn bittet.‹ (Matth. 6, 8.)«

»Ich wünschte mir, das würde immer klappen«, seufzte ich erleichtert.

»Jetzt kannst du schlafen und brauchst IHM nicht mehr die Ohren vollzulabern.«

»Was sind denn das für Ausdrücke?« Ich tat tief empört, obwohl ich mich köstlich amüsierte, wie mein Engel genauso ein loses Mundwerk bekam wie ich es habe.

Ich sprach ein kurzes Dankgebet, rollte mich auf meine Schlafseite, und weg war ich.

Hafenfest

Es war ein wunderbares Bild. Über fünfzig Yachten drängelten sich in unserem Hafen. Schiff an Schiff, alle über die Toppen geflaggt, dazu die bunte Hafenbeleuchtung, die sich im Wasser spiegelte. Ich konnte mich einfach nicht satt sehen. Eine Kapelle spielte flotte Seemannslieder, man sah nur fröhliche Gesichter. Ich saß neben einem netten Ehepaar, das schon einen Tag früher als die anderen Gäste mit seinem Schiff eingelaufen war. Warum ich mitten im Gespräch die Frage: »Glauben Sie an Schutzengel?« auf die Skippersfrau abschoß, habe ich erst später erfahren. Im Augenblick jedoch war ich selbst ziemlich verdutzt. Gisela, so hieß besagte Dame, auch. Sie guckte mich lange nachdenklich an und sagte dann sehr gedehnt: »J-ein.«

Ich: »Das geht nicht, entweder ich weiß, daß ich einen Schutzengel habe, oder ich glaube nicht daran. Also, was ist nun?«

»Manchmal sind mir Dinge passiert, wo ich wirklich dachte, da muß mir ein Schutzengel zur Seite gestanden haben. Aber so im allgemeinen, ich meine, in Wirklichkeit, – ach, ich weiß nicht.«

Nun begann ich eine lange Rede, in welcher ich auch auf mein Buch, »Mein Engel und ich« zu sprechen kam. »Das möchte ich gern lesen«, fiel sie mir ins Wort. »Wissen Sie, eigentlich wären wir gar nicht hier.«

»Das müssen Sie mir näher erklären«, verlangte ich.

»Wir waren auf dem Weg in den nächsten Hafen, der näher an der Schleuse liegt, damit wir früh schleusen können. Als wir an Ihrem Hafen vorbei waren, sagte ich zu meinem Mann, er solle umkehren. Ich weiß nicht, warum ich das sagte, und mein Mann hat auch sofort gedreht. Das war auch nicht selbstverständlich. Jedenfalls sind wir jetzt hier und finden es ganz wunderbar.«

»Ha, da haben wir es ja schon. Ihr Engel hat beschlossen, daß Sie mehr über ihn erfahren. Er hat Ihnen eingeblasen, umzukehren. Und wenn Sie das im Auftrag ihres Engels sagen, kann Ihr Mann gar nicht anders, als gehorchen. Ist das schön!«

»Ja, ich kann mir vorstellen, daß es so war. Ich werde jetzt öfter an meinen Engel denken.«

»Nicht öfter, möglichst immer. Ständig die Gewißheit haben: Ich bin nicht allein, es ist immer jemand da, der mir beisteht.«

Gisela bekam ganz leuchtende Augen. Ich wollte ihr das gerade sagen, als ich spürte, wie mir jemand über den Hinterkopf strich. Ich drehte mich um. Da war niemand. Es hatte sich angefühlt, als wenn man ganz sachte und liebevoll gekrault wurde. So, wie ich meinen Hund hinter den Ohren kraulte, wenn ich ihm sagen wollte, wie lieb ich ihn hatte. Ich mußte aufstehen und hinausgehen. Ich wollte zum Boot. Auf dem Weg dahin merkte ich, wie mir die Tränen über das Gesicht liefen. Mein Herz war so voll Glück und Freude, daß ich es fast nicht ertragen konnte. Ich ging aufs Boot, setzte mich auf die Backskiste und heulte wie ein Schloßhund, aber vor Freude.

»Antaares, hast du mich so schön gestreichelt?« fragte ich in Gedanken.

»Nein, das war Giselas Engel, der war sozusagen ganz aus dem Häuschen vor Freude, daß sein Schützling endlich aufgeklärt wurde. Und wenn er dir seine Engelfreude übermittelt, so ist das für einen Menschen natürlich etwas zu viel. Aber das sind schöne Tränen.«

Es dauerte eine ganze Weile, bis ich fertig war mit Weinen. Das Glücksgefühl blieb, es hielt die ganzen drei Tage, die wir feierten. Als ich aufstehen und zurückgehen wollte, flüsterte mein Engel: »Geh erst vor den Spiegel und mach deine verlaufene Wimperntusche weg. Du siehst aus wie ein falsch geschminkter Clown.«

Er hatte recht. Und dabei hatte man mir die Wimperntusche als absolut wasserfest angepriesen.

Sabrinas Vortrag

Die Vorgeschichte: Ich bekam ein Buch geliehen mit dem Titel: »Wie Engel uns lieben« von Sabrina Fox. Ich war begeistert und schrieb ihr einen Brief. Einige Tage später kam ein Anruf von ihr aus Los Angeles. Sie hatte mein Buch gelesen, und die größte Überraschung war für mich, daß sie ein Institut in L. A. hatte, welches genauso hieß wie mein Buch: »Mein Engel und ich«. Sie sagte mir dann, wann sie wieder in Deutschland wäre und wir darüber sprechen könnten. Ich hatte sie gefragt, ob es eine Möglichkeit gäbe, daß mein Buch in Amerika verlegt würde.

Nun war der große Tag gekommen. Sie hielt einen Vortrag in Hamburg. Wir buchten ein Hotelzimmer, kauften die Karten und waren voll froher Erwartung. Der Saal war gerammelt voll. Wir suchten uns einen Platz, und ich versuchte mich einzustimmen auf ein spirituelles Erlebnis.

Sabrina begrüßte ihre Zuhörer und bat uns, aufzustehen und uns an den Händen zu fassen. Sie sprach ein Gebet. Unten im selben Haus war eine Kneipe, und in ihre ersten Sätze klang in voller Lautstärke und sehr fröhlich das Lied »In München steht ein Hofbräuhaus«! Aus war es bei mir mit der eben aufkommenden Andacht. Ich mußte kichern. Ich sah mich um. Alle hatten den Kopf gesenkt und, soweit ich sehen konnte, die Augen geschlossen. Das Gebet war sehr lang, der Raum sehr warm, und mein Kreislauf begann schlapp zu machen. Draußen tobte ein Orkan, ein Gewitterdonner übertönte zwischendurch den Kneipengesang, von dem Gebet hörte ich sowieso nichts, sie sprach zu leise. Mein Gebet war, bitte, lieber Gott, laß sie aufhören, ehe ich aus den Latschen kippe. Ich will doch die Andacht der anderen nicht stören. Gott erhörte mich, aufseufzend fiel ich in den Stuhl.

Dann begann der Vortrag. Er dauerte zwei Stunden und wurde mit viel Engagement und Humor vorgetragen. Dann gab es eine Pause, um dreiundzwanzig(!) Uhr begann die Fragestunde und das Signieren ihrer Bücher. Liebevoll nahm sie jeden in den Arm, der zu ihr kam. Da mein Kreislauf durch das lange Sitzen inzwischen so ziemlich aufgegeben hatte, konnte ich mich nicht in die lange Warteschlange einreihen, sondern blieb sitzen, bis die meisten gegangen waren, weil ich ihr ja auch noch eine persönliche Frage stellen wollte. Während dieser Wartezeit zog ich Bilanz. Alle Dinge, die sie gesagt hatte, waren mir bekannt. Aber das war es nicht, was mich nachdenklich machte. Schließlich schrieben wir beide über dasselbe Thema. Irgend etwas störte mich jedoch, und ich wußte nicht, was. Um Mitternacht stand ich vor ihr, sagte meinen Namen und fühlte ganz genau, sie konnte nichts damit anfangen. Sie erinnerte sich nicht. Ich begriff das nicht, hatte ich doch einige Tage vorher noch ein Fax von ihr bekommen, wann genau sie dort sein wollte. Sie nahm mich in den Arm, ich erwiderte die Umarmung, aber ich fühlte nichts. Als ich dann doch fragte, ob sie mir bei meinem Buch helfen könne, sah sie mich erstaunt an. Dann meinte sie, das müsse doch erst übersetzt werden, ob ich das schon erledigt hätte. Und genau dazu hatte ich sie um einen Tip gebeten. Ich hatte ihr meinen beiden anderen Bücher mitgebracht, um sie ihr zu schenken. Ich tat es auch. Sie sagte danke und legte sie beiseite.

Mein Mann und ich gingen. Ich kämpfte immer noch mit meinem Kreislauf und war froh, an die frische Luft zu kommen.

Im Bett ließ ich alles noch einmal revue passieren und dann wußte ich, was mich gestört hatte: Hier hatte ein Profi sich perfekt vermarktet. Dies meine ich nicht abwertend, schließlich kam sie vom Fernsehen, und was man von der Pike auf gelernt hat, bleibt haften. War ihre Botschaft noch so rein, betonte sie auch immer wieder, daß sie den suchenden Menschen helfen wolle und weder Macht noch Karriere suche, so konnte ich ihr das nicht abnehmen. Las ich in ihrem Buch, so glaubte ich an die Unschuld des Herzens, sah ich sie auf dem Podium agieren, konnte ich das nicht mehr. Hatte ihr Buch mein Innerstes angerührt, hier war ich kalt wie eine Hundeschnauze geblieben.

»Antaares, was war los? Du hattest mir geraten, an sie zu schreiben. Hast du das mit ihrem Engel denn nicht abgesprochen? Ich hatte auf ein Gespräch mit ihr gehofft. Ich bin nicht fünfhundert Kilometer gefahren, um mir anzuhören, was ich schon weiß.«

»Auch wenn ich auch mit ihrem Engel gesprochen hatte, so heißt das noch lange nicht, daß alles so geht, wie du es erwartest. Wenn höheren Ortes beschlossen wurde, daß etwas nicht sein soll, können wir daran nichts ändern. Wir Engel sind keine Hellseher. Du und Sabrina, ihr geht beide einen spirituellen Weg, aber auf gänzlich verschiedenen Schienen. Und wenn die sich einmal gekreuzt haben, heißt das eben nur, kreuzen, aber nicht zusammenlaufen. Sei mal ganz ehrlich. Hast du nicht so ganz tief drinnen nichts anderes erwartet?«

»So ähnlich wie: es wäre zu schön um wahr zu sein, meinst du das?«

»Ja, und wenn du dich jetzt ärgerst über die Kosten, Benzin, Hotelzimmer, Essen gehen, dann fügst du dir damit wirklich Schaden zu. Nimm es so hin, wie es gekommen ist. Wie ist doch gleich dein Dauerspruch?«

»So, wie es kommt, ist es immer richtig!«

»Na also, was willst du mehr?«

Obwohl mir klar war, daß alles richtig war, was hier geschehen war, kam ich aus dem Grübeln nicht heraus. Ich nahm mir ein anderes Buch von ihr, welches ich noch nicht kannte. Und siehe da – da guckte mich wieder die Sabrina an, die ich lieben gelernt hatte. Es war mir aber unmöglich, sie mit der Frau in Einklang zu bringen, die ich in ihrer – ich nenne es einmal so, wie ich es empfunden hatte – Show gesehen habe. Es paßte einfach nicht zusammen.

Antaares meldete sich: »Jeder, der seinen Weg zu Gott gefunden hat, möchte anderen Menschen helfen, auch den Weg zu finden. Du tust das, indem du von mir berichtest. Aber verglichen mit den vielen Menschen, die Sabrina erreicht, sind es bei dir nur wenige. Um aber eine so große Masse zu erreichen und so zu beeindrucken, daß es sich im Leben der Menschen auswirkt, braucht man jemanden, der gelernt hat, die Menschen in seinen Bann zu ziehen. Könntest du dir vorstellen, so zu agieren?«

»Um Himmelswillen, nein! Ich habe zwar schon einen Vortrag gehalten, aber dabei habe ich mich ja nur auf dich verlassen. Nicht, daß ich glaube, du würdest das nicht wieder tun. Aber ich säße dann nur da und würde erzählen, was du mir einbläst.«

»Und für die, die da kommen, ist diese Art genau das Richtige. Andere brauchen eben eine ›Show‹, wie du es ganz passend ausdrückst.«

»Antaares, dann ist da noch die Sache. Eine Frau fragte, wie sie wissen könne, ob ihr Engel sie liebe. Sabrina antwortete:

›Fragen Sie ihn doch.‹ Und dann meinte sie: ›Es sollte jetzt jeder seinen Engel fragen ...‹«

»Und du Dämlack fragtest mich tatsächlich?« unterbrach er mich. »Gab es da eine andere Antwort?«

Er hatte in meine Frage, die ich eigentlich eher scherzhaft gestellt hatte, hineingeknurrt: »Was für eine dämliche Frage«, worauf ich prompt anfing zu kichern, was mir einen empörten Blick von einer anderen Dame eintrug. Ich hätte ihr gerne den Grund erklärt, konnte aber jetzt kein Gespräch mit ihr anfangen.

Schönheit

Sechs Uhr morgens. Das Badezimmerfenster geht nach Osten. Eine bleiche Herbstsonne wirft von rechts ihr unbarmherziges Licht auf mein verschlafenes Gesicht. Der Spiegel ist klar, nicht so freundlich getönt wie der Spiegel in meinem Ankleidezimmer. Angewidert wende ich den Blick ab. Mein Mann kommt herein. Nimmt mich in den Arm und guckt mich an. Kriegt Augen wie ein Kind vor dem Weihnachtsbaum und sagt hingerissen: »Was bist du schön!« Ich werfe einen vorsichtigen Blick über seine Schulter in den Spiegel, kriege das kalte Grausen und frage höflich: »Schatz, du hast wohl nicht alle Hühner auf der Terrasse? Wo siehst du was Schönes?«

Er wird ärgerlich: »Du bist schön. Widersprich mir nicht, sondern küß mich, sofort!«

Ich tue, wie mir befohlen, ich will morgens keine Diskussion. Als er das Haus eine Stunde später verläßt, gehe ich nochmal ins Bett, im Vorbeigehen noch ein Blick in den Spiegel. Wie sieht man denn aus mit beinah siebzig? Ich habe vielleicht ein paar Falten weniger als einige Altersgenossinnen, das ist wohl erblich bedingt.

Als ich als junges Mädchen eine Schulkameradin meiner Mutter kennenlernte, hatte die mich etwas mitleidig angeguckt. »Och, Kind«, hatte sie gemeint, »bist ja soweit ganz hübsch, aber so schön wie deine Mutter und Großmutter wirste nie, schade.«

Später sagte jemand zu mir: »Was ist deine Schwester doch für eine schöne Frau«, auch mit einem mitleidigen Blick. Und nun erzählt mir mein Mann täglich, wie schön ich sei.

Ich kroch also erstmal wieder in die Federn und zog mir die Decke über den Kopf. Es sei das beste gegen Falten, recht viel Schönheitsschlaf zu halten, hat mal jemand gesagt, also wollte ich das auch tun. Es klappte aber nicht. Antaares schien mit mir reden zu wollen, also ließ ich mich darauf ein. Eine andere Möglichkeit hat man sowieso nicht, wenn einem ein Engel etwas sagen will.

»Du sollst nicht immer denken, Heinz sagt das nur, um dich zu erfreuen. Du sollst wissen, er meint, was er sagt.«

»Dann ist er blind. Ja, ja, ich weiß, es heißt, Liebe macht blind, aber bitte, nach sechsunddreißig Jahren ist man doch nicht mehr blind vor Liebe. Ich glaube, er sieht gar nicht mich, sondern dich.«

Antaares murmelte irgend etwas, was sich anhörte wie »dumme Gans«. Ich schwieg beleidigt.

»Meine Güte, bist du doof!«

»He, darf ein Engel sowas sagen?« begehrte ich auf.

»Ja, wenn es die Wahrheit ist. Nun hör mal genau zu. Stell dir einen Gegenstand vor. Irgend etwas. Kann meinetwegen auch ein Mensch sein. Halte dahinter eine starke Lichtquelle, die davon verdeckt wird. Wer nun auf den Gegenstand blickt, wird von dem Licht gerade soviel geblendet, daß Unebenheiten, Fehler oder Falten unsichtbar sind.«

»Aber diese Lichtquelle, wenn sie denn hinter mir ist, bist doch du.«

»Ich bin der Reflektor für das, was du an Liebe und Glauben, besonders für deinen Mann, ausstrahlst. Und so sieht er Licht und Schönheit, wenn er dich ansieht.«

Licht und Schönheit! Keine Falten, keine schlafverquollenen Augen oder zerwuselten Haare. Ehe ich mich's versah, kullerten mir die Tränen übers Gesicht. »Heul nicht, freu dich.«

»Ich bin froh, so froh, daß ich weinen muß.«

»Und ab sofort glaubst du es ihm, wenn er dir sagt, du bist schön.«

»Ich verspreche es.«

Antaares im Wasser

Nach langer Zeit war ich endlich einmal wieder zum Schwimmen gefahren. Fast zehn Jahre lang hatte ich mich gedrückt. Einmal, weil ich mir nicht ganz sicher war, meinen idiotischen Ehrgeiz, immer die Schnellste zu sein, in den Griff zu bekommen, zweitens weil ich nicht mehr im Schwimmbad tätig war und ich mich in der Freizeit nicht von der Couch und einem Buch trennen konnte. Doch nun hatte ich mich aufgerafft und zog meine Bahnen im Hallenbad. Die Sonne schien durch die großen Fenster und malte goldene Kringel auf dem Beckenboden. Das Wasser war warm, und ich fühlte mich richtig wohl und glücklich. Dann dachte ich an meinen Engel und grinste in mich hinein. Mir fiel eine Freundin ein, die während einer Autofahrt ihren Engel gefragt hatte: »Sag mal, Schutzengel, fährst du eigentlich gerne Auto?«

So fiel es mir jetzt ein zu fragen: »Antaares, gehst du eigentlich gerne schwimmen? Und wie beschützt du mich jetzt? Latscht du am Beckenrand hin und her und paßt auf?«

Ich hatte nicht wirklich mit einer Antwort gerechnet und verschluckte mich beim Atmen fast vor Lachen, als er sagte: »Da hättest du Spaß, wenn ich mit nassen Flügeln hinterherplantschen müßte, was?«

Ist das herrlich, wenn man einen Schutzengel hat, der nicht nur Spaß versteht, sondern selber auch richtig blödeln kann.

»Ich habe wirklich Schwierigkeiten, dich mir jetzt vorzustellen«, sagte ich. »Ich weiß, du bist Geist, aber in meiner Vorstellung hast du eben eine menschliche Gestalt, bist ein Wesen, das immer hinter mir steht oder meinetwegen neben mir. Aber jetzt im Wasser weiß ich nicht, wo ich dich unterbringen soll.«

»Vielleicht hilft es dir, wenn du dir vorstellst, daß ich um dich herum bin wie ein Taucheranzug. Geist wird nicht naß, weißt du!«

Ich benutze auch hier die Form der Rede, obwohl es ja klar ist, das man nicht reden kann, wenn man die meiste Zeit den Mund unter Wasser hat und nur ganz kurz zum Luftholen hoch kommt. Alle Unterhaltung mit Antaares spielt sich in Gedanken ab. Sicher, es hat Jahre gedauert, bis ich meine Gedanken von seinen unterscheiden konnte. Und wenn es gelegentlich geschieht, daß ich falsch interpretiere oder dem Wunschdenken anheim alle, so gibt es immer eine Korrektur durch ihn, nämlich dann, wenn ich gar nichts denke, weil ich am Einschlafen bin oder döse. Dann fuhrwerkt ein Gedanke mit solcher Intensität in meinen Kopf herum, daß es gar nicht meiner sein kann.

Mir fiel schon wieder eine neue Frage ein. »Sag mal, es gibt doch Wassergeister, sind die auch hier im Chlorwasser oder nur in freiem Wasser in der Natur?

»Wo Wasser ist, sind auch die Wassergeister. Sie machen sogar das Chlorwasser zu etwas Lebendigem.«

»Ich stelle mir jetzt vor, die armen Kerlchen müssen durch die langen dunklen Rohre durch, auch noch durch Pumpen gejagt, du meine Güte, wenn ich weiterdenke, auch durch die Wasserleitungen im Haus. Ist ja schrecklich, dieser Gedanke.«

Ich hatte das Gefühl, Antaares quietschte vor Vergnügen.
»Lach mich nicht aus, stimmt es etwa nicht?«

»Wassergeister brauchen kein Licht, keine Luft. Es ist ihnen völlig egal, wo das Wasser ist. Sie sind doch aus Wasser.«

Ich schwamm weiter und konzentrierte mich auf die Wassergeister. Plötzlich hatte ich das Gefühl, als sei das Wasser weicher, liebevoller geworden. Ich habe mich im Wasser immer schon wohler gefühlt als an Land, aber was ich jetzt erlebte, war mir neu. Ich fühlte jede Pore, jeden Muskel. Meine Hände schienen das Wasser zu streicheln und gestreichelt zu werden. Am liebsten hätte ich gejubelt vor Freude, aber mach das mal einer, wenn er das Gesicht im Wasser hat. Am liebsten hätte ich gar nicht mehr aufgehört zu schwimmen, aber mein Fuß war offensichtlich der Meinung, es sei nun genug. Er bekam einen Krampf. Ich stieg aus dem Wasser, und dabei fällt mir jetzt ein, ich habe mich nicht bei den Wassergeistern bedankt. Wenn ich wieder zu Schwimmen gehe, werde ich mich entschuldigen, ganz bestimmt.

Sylvester 1999!

Wir waren nach Hamburg gefahren, um den Jahrtausendwechsel auf der »Hanseatic«, einem Ausflugsdampfer, zu feiern. Wenn um Mitternacht das Schiff in den Hafen einläuft, das Feuerwerk beginnt und jedes Schiff sein Nebelhorn oder die Schiffssirene ertönen läßt, kriegt man eine Gänsehaut nach der anderen. Zu fünft waren wir vom Hotel aufgebrochen zur U-Bahn. Auf dem Bahnsteig, wir waren so richtig in guter Stimmung, blödelten wir herum, machten Witze und lachten uns kaputt. Plötzlich hörte ich hinter mir jemand lauthals mitlachen. Ich drehte mich um. Da stand eine etwas ärmlich gekleidete ältere Frau und kringelte sich sozusagen vor Vergnügen über unsere Witze.

»Nein, was haben Sie für eine herrliche Lache«, begeisterte ich mich, »und dann noch so viel Spaß an anderer Leute Blödsinn. Sie sind einfach wunderbar!«

So kamen wir ins Gespräch. Wieso dann auf einmal ernstere Töne einflossen, weiß ich wirklich nicht. Ich hatte, wie immer, ein paar Engelkarten in der Handtasche. Und es war sicher nicht mein eigener Gedanke, sondern der Wunsch von Antaares, ihr eine zu schenken. Als ich nach der Tasche griff, wich sie entsetzt zurück: »Nein, nein, das nicht!«

»Ich will nicht das, was Sie denken. Ich will Ihnen einen Engel schenken«, beruhigte ich sie, hielt die Karten in der Hand und fragte: »Was möchten Sie, den Engel der Gelassenheit, den Engel der Freude oder den Engel der Geborgenheit?«

Sie sah mich an, als käme ich von einem anderen Stern.

»Den Engel der Geborgenheit.« Sie flüsterte nur noch, Tränen standen ihr in den Augen. Ich gab ihr die Engelkarte, und dann schlang sie die Arme um mich und küßte mich. Ich hielt sie fest und gab ihr auch einen Kuß auf die Wange. Einen winzigen Augenblick war unsere Welt ein Paradies. Dann trennten wir uns mit Segenswünschen für das Neue Jahr.

Langsam ging ich zu unserer Gruppe zurück. Niemand hatte das kleine Intermezzo beachtet, wofür ich dankbar war.

»Schöner konnte das alte Jahr nicht zu Ende gehen, als daß ich einem Menschen noch eine Freude machen konnte. Lieber Antaares, ich danke dir.«

»Ich habe mich genauso gefreut«, flüsterte er.

Vor vielen Jahren, als ich sehr krank war, machte mich meine damalige Freundin Ingeborg auf einen Lehrgang bei Frau von Richthofen aufmerksam. Dort wurde Jin-Shin-Jyutsu, eine asiatische Heilmethode gelehrt. Da es mir geholfen hatte, nahmen mein Mann und ich noch an mehreren Lehrgängen von Jin-Shin-Jyutsu im Albert-Schweitzer-Haus in Bonn teil. Man hält bestimmte Körperpunkte und kann auch mit bestimmter Handhaltung Schmerzen lindern und Blutungen stillen. Das hat nichts mit Wunderhänden zu tun. Es ist eine Methode, die jeder lernen kann.

Zum traditionellen Neujahrskonzert unseres Symphonie-Orchesters kamen wir ziemlich spät an, weil wir gerade von Hamburg zurück waren. Ich stand noch an der Garderobe, als mein Mann mich mit den Worten: »Komm schnell, da ist jemand verletzt« mitzerrte. Eine junge Frau hielt sich ein Taschentuch an den Kopf, sie blutete aus einer Kopfwunde. Ich nahm sie an die Hand und zog sie in eine Ecke auf einen Hocker, wo uns niemand sehen konnte. Ich kreuzte die Hände auf der Wunde und hielt sie da, bis die Klingel zum Konzertbeginn rief. Wie erwartet, hörte es auf zu bluten, und die junge Frau konnte in den Saal gehen.

Ich ging wie auf Wolken. Das alte Jahr hatte mir die wunderbare Begegnung mit der Frau in der U-Bahn gebracht, und das Neue Jahr gab mir die Gelegenheit, jemandem zu helfen.

Wieder war ich meinem Engel zutiefst dankbar, daß er mir diese Freude gemacht hatte. Und ich bin sicher, er hat das Konzert genauso genossen wie ich. Geredet haben wir an dem Abend nicht mehr miteinander, weil ich mit der übrigen Familie noch essen ging, und hinterher war ich so müde, daß ich nicht einmal mehr gebetet habe. Ich schlief schon, als ich unter die Decke kroch.

Die Tanne

Diese Geschichte ereignete sich schon vor einigen Monaten, aber ich war so entsetzt und erschüttert davon, daß ich sie nicht aufschreiben konnte. Ich hätte vor Tränen weder die Tastatur noch den Bildschirm erkennen können. Nun fängt die Sache, bzw. der zu schreibende Text an, sich bei jeder passenden und unpassenden Gelegenheit in meinem Kopf zu drehen wie ein Mühlrad. Aus Erfahrung weiß ich, daß das erst aufhört, wenn ich alles aufgeschrieben habe. Vielleicht habe ich mich aber auch überhaupt davor drücken wollen, weil es ein so fürchterliches Ding war, daß ich nur ungern daran denke, und weil ich auch noch nicht damit fertig bin.

Aus dieser langen Vorrede kann man schon merken, daß ich mich am liebsten immer noch drücken würde. Aber es hilft ja nichts, irgendwie muß ich den Dreh kriegen. Ich muß dazu etwas weiter in die Vergangenheit zurückgehen, sonst ist völlig unverständlich, wie ich so etwas tun konnte.

Wir haben immer am Hang gewohnt. Das heißt, es gab immer den Blick ins Tal über eine weite, fruchtbare Ebene bis hin zu den fernen Hügeln am Horizont. Es gab einen Garten, den niemand einsehen konnte, es gab keine Straße, nur einen befestigten Fußweg. Das Haus lag so hoch und so einsam, daß wir auch keine Gardinen brauchten, und ich konnte barfuß bis an die Ohren durchs Haus und den Garten laufen. Es war wunderschön. Bis es eines Tages der Stadtverwaltung einfiel, genau dort ein Kulturzentrum zu errichten. Acht Jahre nervenzermürbenden Kampf, bis wir einigermaßen heil aus dem Desaster hervorgingen. Das Haus, in das wir dann einzogen, lag nicht mehr einsam auf einem Felsen. Nein, jetzt war das Grundstück um die Hälfte kleiner, und es gab Nachbarn. Meine Wohnung lag zu ebener Erde, die Fenster gingen zur Straße, und das nächste Haus lag so viel höher, daß nur drei Monate die Sonne mein Wohnzimmer erreichte. Meinen Eltern, die oben wohnten, ging es besser. Sie hatten Sonne und konnten wenigstens einen Teil vom Horizont sehen. Ich hingegen guckte auf Asphalt und auf das Hühnerstalldach vom Nachbarn gegenüber.

Nach einundzwanzig Jahren starben meine Eltern, und mein Mann und ich zogen in die obere Wohnung. Das erste Jahr dort verbrachte ich am Fenster. Endlich brauchte ich keine Gardinen mehr. Endlich sah ich wieder die Sonnenuntergänge, und endlich drang nicht mehr jedes Geräusch von der Straße in die Wohnung. Ich sah wieder unseren Kirchturm und die Hügel am Horizont. Ich schnappte fast über vor Freude. Die Freude währte sechs Jahre, dann sah ich zu meinem Entsetzen über der Hecke des gegenüberliegenden Nachbargrundstücks Tannenspitzen emporwachsen. Dieser Nachbar hatte einen Tannenfimmel. Er hatte vor Jahren nach Süden und Norden schon Tannen gesetzt, die nun eine Höhe von über zehn Metern erreicht hatten. Nun hatte er auch seine Ostseite mit Tannen bepflanzt, das hieß, daß ich in einigen Jahren nicht mehr ins Tal, sondern nur noch auf seine verdammten Tannenbäume sehen konnte. Auf eine vorsichtige Anfrage, ob man die Bäume nicht wieder wegmachen könnte, sagte er, das fiele ihm nicht ein. Was sollte ich machen! Ohnmächtig und knirschend vor Wut mußte ich zusehen, wie diese Biester wuchsen und wuchsen. Als die erste Tanne mir meine geliebte Kirche zur Hälfte verdeckte, wälzte ich Mordpläne.

»Brauchst bloß einen oder zwei dicke Kupfernägel in den Stamm kloppen, dann geht er kaputt«, sagte mir jemand. Die Tanne bekam drei Nägel und wuchs unbeirrt weiter.

»Mußt ein Loch in den Stamm bohren und Salzsäure reinspritzen«, riet ein anderer. Auch danach wuchs das Biest weiter.

»Dann hilft nur noch Quecksilber«, meinte ein Dritter. Das Giftzeug war sogar mir zuviel. Aber als ein Jahr später die Tanne aus meiner Sicht an der Kirchturmspitze angelangt war und alle anderen ebenfalls beängstigend an Wuchs zulegten, besorgte ich es mir doch und verpaßte der Tanne eine Ladung in den Stamm. Es wurde Frühling. Ich traute meinen Augen nicht, als die so Mißhandelte jede Menge grüne Spitzen bekam und noch einen Schuß in die Höhe tat. Da rastete ich aus.

»Ich hab die Schnauze voll«, wütete ich. »Sobald es wieder früh dunkel wird, geht es ihr an den Kragen. Dann schäle ich ihr unten die Rinde ab, schmiere rundum Salzsäure, dann kriegt sie noch einen Schuß Quecksilber, und dann wollen wir doch mal sehen, ob sie nicht endlich eingeht!« Mein Mann sah mich entgeistert an.

»Guck mich nicht so an«, schnauzte ich. »Meinst du, ich will mir die Aussicht von dem Fimmel dieses Blödmanns verderben lassen? Am liebsten würde ich sie ja heimlich absägen, aber dann weiß er genau, daß wir das waren, und dann haben wir richtig Krach in der Nachbarschaft. Wenn sie aber eingeht, kann es ja auch die Fichtenlaus oder der Borkenkäfer sein.«

Der Herbst kam, es wurde früh dunkel. Die Tanne war munter weitergewachsen und nahm mir nun schon einen Teil der Aussicht weg. »Nächsten Montag gehen wir dabei«, sagte ich zu meinem Mann. Ja, denkste! Am Samstag lag ich heulend im Bett und schrie nach schmerzstillenden Mitteln. Ich hatte das Gefühl, eine Granate in den Rücken bekommen zu haben. Am Montag zum Arzt, am Dienstag zum Chiropraktiker, am Mittwoch zum Heilpraktiker, ansonsten im Bett. Oder nur kriechend durch die Wohnung. Aber besser wurde es nicht. Bis ich eines nachts, vollgestopft mit Schmerzmitteln, nach Antaares rief. Ich hatte lange nicht mit ihm gesprochen, d.h. ich hatte nicht hören wollen. Ab und zu hatte ich gewußt, daß er mir etwas sagen wollte, aber ich hatte dann einfach abgeschaltet. Jetzt ahnte ich, was kommen würde, aber wie hart es kam, damit hatte ich nicht gerechnet.

»Alles ist Eines, und Eines ist Alles«, mit diesem Satz eröffnete er seine Predigt, »und das weißt du genau. Ist dir nicht aufgefallen, daß jedesmal, wenn du der Tanne etwas angetan hast, dir der Rücken weh getan hat? Alles, was du ihr getan hast, hast du dir, dem Heiligen Geist, Jesus Christus und Gott selber angetan. Das, was dich am Leben erhält, ist die gleiche göttliche Kraft, die auch die Tanne erhält. Es gibt nichts Einzelnes in der Welt, alles ist durch diese Kraft verbunden. Das Jesuswort: ›Alles, was ihr dem Geringsten unter euch tut, das habt ihr mir getan‹, gilt uneingeschränkt für jedes Lebewesen.«

»Ich will aber dieses dämliche Biest aus meinen Augen haben«, schluchzte ich, »auch wenn es mir weh tut!«

»Jetzt reichts mir aber!« Das klang böse. Ich schlug die Hände vor das Gesicht, und was ich hinter meinen geschlossenen Augen sah, war eine schattenhafte Gestalt die – ja war das möglich? Wenn diese Gestalt mein Engel war, dann raufte sich Antaares jetzt verzweifelt die Haare. Was sollte das nun wieder? Bisher hatte ich ihn nur einmal als Lichtschein und ein andermal in Gestalt eines Tankwartes gesehen.

»Das soll heißen, daß ich am Ende bin mit meiner Weisheit, dich zur Vernunft zu bringen. Das soll heißen, daß du mich zum Äußersten treibst. Ich zeige dir jetzt noch ein Bild, wenn das nicht hilft, wasche ich meine Hände in Unschuld, du bockiges Balg!«

Die Gestalt verschwand, und ich hatte den Ausblick aus meinem Fenster vor Augen. Da sah ich, daß es in Wahrheit keine Trennung gibt. Von allem, was ich sah, gingen Wellen aus, die anderen begegneten und sich mit ihnen vereinten; Informationen austauschend, Gefühle übermittelnd, Gedanken aufnehmend und sendend. Auch ich war eingebunden in dieses Netz, ebenso wie die Tanne, alle Pflanzen und jede Kreatur. Ja, es schien sogar, als ob diese Wellen bis hinauf zu den Sternen reichten.

»Das tun sie auch«, meldete sich Antaares wieder zu Wort. »Deine bösen Gedanken werden nicht nur von der Tanne reflektiert und auf dich zurückgeworfen, sondern von allem, was dich umgibt. Das ganze Universum reagiert auf Gedanken. So, und nun hast du ja wohl begriffen, was du angerichtet hast!«

Ich war völlig erschlagen. Das Schlimmste aber war, daß ich immer noch nach einem Ausweg suchte, wie ich diesen Tannen den Garaus machen konnte.

»Ich muß also ruhig zusehen, wie diese grüne Wand mir nicht nur den Ausblick, sondern auch noch die Sonne wegnimmt, was?«

»Wenn dir sonst etwas Kummer machte, hast du mich um Hilfe gebeten. In die schrecklichsten Dinge hast du dich hineinzufinden versucht mit dem Gedanken, es sei ja Gottes Wille. Immer ist alles gut ausgegangen. Oft zwar in letzter Minute, aber du hast nie an Seiner Hilfe gezweifelt. Warum jetzt?«

Ja, warum? Ich wußte es nicht. Vielleicht war es mir zu blöd vorgekommen, Gott zu bitten, den Tannen das Wachsen zu verbieten. In Wirklichkeit hatte ich mit keinem Gedanken daran gedacht. Ich war nur wütend gewesen.

Dies alles war vor einem halben Jahr gewesen. Seitdem vermeide ich es, in Richtung Tanne zu blicken, die fröhlich weiterwächst so wie die anderen auch. Ich werde ihnen nichts mehr antun, sonst bringe ich mich womöglich noch selbst um. Aber ganz in mein Schicksal habe ich mich immer noch nicht ergeben. Ab und zu richte ich die vorsichtige Bitte an meinen Engel und an Gott, mich vor einer undurchdringlichen grünen Wand vor meinem Fenster zu bewahren. Aber diesmal bin ich mir nicht sicher, ob es klappt.

Zwei Jahre später hatte die Tanne eine Höhe erreicht, daß sie meine Kirche völlig verdeckte. Ich zog die Couch weiter ins Zimmer, so daß ich von meinem Sitzplatz aus das Elend nicht mehr sah. Dann bekamen wir im Frühsommer einen Sturm mit Windgeschwindigkeiten von 120 km/h. Ich stand am Fenster und blickte zum Himmel mit den Worten: »Wenn ihr wirklich die Tanne abknicken wollt, müßt ihr noch einen Zahn zulegen!«.

Fünf Minuten später gab es einen Knall, und die Tanne lag im Garten. Ich bedankte mich von Herzen und zog meine Couch wieder an den alten Platz.

Das Schweißtuch der Veronika

Ein berühmter Schriftsteller hat gesagt, wenn man etwas schreiben will, ist der erste Satz der wichtigste und zugleich der schwerste. Bei jedem Kapitel entdecke ich die Wahrheit dieses Ausspruches. Wie lange ich jetzt schon auf den Bildschirm starre und nach dem Beginn dieser Geschichte suche, ist entnervend. Aber was habe ich davon, wenn ich das hier berichte? Davon bekomme ich auch keine bessere Idee. Ich schreibe es auch nur darum, weil es gräßlich langweilig ist, fruchtlos zu grübeln. Also langweile ich den Leser, bis ich endlich zur Sache kommen kann und berichten, wie ich eines abends ahnungslos ins Bett stieg und zehn Minuten später weinend wieder herauskroch, weil ich solche Kreuzschmerzen bekam, daß ich dachte, irgend jemand rammt mir ein Messer in den Rücken. (Hurra, das Herumlabern hat geholfen, da ist der Anfang!) Ich ging ins Wohnzimmer und legte mich auf die harte Couch, das hatte früher manchmal geholfen. Es wurde immer schlimmer. Zwei Stunden später stopfte ich mir ein Taschentuch in den Mund, weil ich sonst mit meinem Jammergeschrei meinen Mann im Schlafzimmer aufgeweckt hätte. Weitere zwei Stunden später war es mir egal, ob er früh zum Dienst mußte, und ich weckte ihn. Da ich von früheren Schmerzanfällen (siehe Kapitel »Heimsuchung« in

»Mein Engel und ich«) noch Spritzen und Tabletten im Haus hatte, konnte mein Mann mir eine Injektion machen. Dazu nahm ich – oh heiliger Leichtsinn – noch zwei Morphiumtabletten. Da waren die Schmerzen zwar noch nicht vollständig weg, aber zu ertragen. Ich rief gleich am Morgen den Heilpraktiker an, der mir dann noch Spritzen in den Rücken gab. Das ist jetzt vier Wochen her, und wenn ich mich recke, merke ich die Stelle immer noch.

In der Nacht habe ich immer wieder nach Antaares gerufen, bekam aber keine Antwort. Ich habe zu Gott geschrieen in meiner Verzweiflung. Ich fühlte mich verraten und verkauft. Ein kleiner Trost war ein Blick aus dem Fenster. Die Stadt, auf die ich hinuntersehen konnte, lag im Dunkeln. Um ein Uhr wird die Straßenbeleuchtung abgeschaltet. Nur von dem Turm in der Innenstadt ging ein heller Lichtstrahl in den Nachthimmel, und ich dachte, egal wie dunkel es ist, es gibt immer ein Licht, das nicht ausgeht.

Ein paar Tage später, als ich Antaares zum x-ten Male die Frage nach dem Warum stellte, bekam ich Antwort. Ich glaube, ich habe ziemlich dumm ausgesehen, als er sagte: »Du mußtest zu diesem Zeitpunkt in eine höhere Schwingung kommen. Und das geht nun mal nicht ohne Schmerzen. Es sind so eine Art Geburtswehen für Geist und Körper.«

»Wenn du das sagst, muß ich es glauben. Aber ich bin der Sache dann doch mit den Schmerzmitteln entkommen.«

»Genau zum richtigen Zeitpunkt. Warum glaubst du, hast du so lange aushalten können? Nicht weil du Heinz nicht stören wolltest, der hätte ja nachher weiterschlafen können. Nein, du hast genau so lange ausgehalten, wie es nötig war.«

Nun war ich gespannt, ob und wie sich diese »höhere Schwingung« auswirken würde. Zunächst tat sich gar nichts. Eigentlich wollte ich mich beschweren. Wenn schon eine solche Nacht, dann wollte ich auch etwas davon haben. Dann ließ ich es aber doch sein.

Ich hatte nichts mehr zum Lesen. Irgendwie fiel mir ein Bücherprospekt in die Finger, der schon längere Zeit sein Dasein unbeachtet unter einem Stapel Zeitungen fristete. Ich bestellte Selma Lagerlöfs »Christuslegenden« und einige Bücher von Jakob Lorbeer. Aber bis die kamen, mußte ich etwas finden. Ich habe einen Bestand von schätzungsweise drei- bis viertausend Büchern, irgendeines finde ich immer. Dieses Mal ging ich in meine »fromme Ecke«, die ich sonst so gut wie gar nicht frequentiere. Ich fand die Lebensgeschichte von Luther und die Geschichte des Christentums. Heute weiß ich, daß es bereits eine Folge der höheren Schwingung war, welche mich Bücher lesen ließ, die mich vorher nicht interessiert hatten. Von Luther hatte man ja in der Schule gehört, und die Geschichte des Christentums glaubte ich auch zu kennen. Aber diese Bücher eröffneten mir eine völlig neue Sicht über die Reformation, die großen Kirchenfürsten und die Märtyrer.

Dann kam mein bestelltes Bücherpaket. Ich stürzte mich zunächst auf Selma Lagerlöf und kam zu der Legende vom Schweißtuch der Veronika. Während ich hingerissen las, griff ich zur Fernbedienung und schaltete den Fernseher ein.

»Ich glaub ich spinne, was mach ich denn da?«

Gerade wollte ich ihn wieder ausschalten, da hörte ich die Worte: »Die Forscher sind sich sicher, daß dieses wiedergefundene Objekt das echte Schweißtuch der Veronika ist.«

Das Bild erschien, und auf einem Tuch sah man ein Gesicht. Ich konnte kaum glauben, was ich sah. Der Sprecher begann zu erklären, es müsse ein Totentuch sein, das heißt, es müsse dem Toten auf das Gesicht gelegt worden sein. Ich hatte soeben gelesen, daß Faustina, (erst später nannte man sie Veronika) mit dem Tuch das Blut, die Tränen und den

Schweiß von Jesu Gesicht getrocknet haben soll, als er unter dem Kreuz zusammenbrach. An meinem Bett hängt das Bild von Jesus vom Turiner Grabtuch. Ich forschte nach einer Ähnlichkeit. Im ersten Moment gab es keine. Dann stellte ich mir das Gesicht im Fernsehen ohne die Beulen, ohne die von Schlägen geschwollenen Wangen und die scheinbar gebrochene Nase vor – und siehe da, das war es. Und dann half Antaares mir weiter: »Wenn ein Mensch gestorben ist, gehen nach einer Zeit auch die Schwellungen zurück. Die Legende ist wahr, und nicht, was der Mann da sagt.«

»Dann hast du meine Hand geführt, als ich den Fernseher anmachte. Ich danke dir. Von allein komme ich doch nie auf die Schnapsidee, beim Lesen die Glotze anzumachen. Ach, bin ich froh.«

Da hatte man also das lange vermißte Schweißtuch der Veronika wiedergefunden. Wo und wie, das hatte ich nicht mehr mitgekriegt. Aber damit nicht genug. In der »Welt am Sonntag«, einer Zeitung, die so dick ist, daß man schon die ganze Woche braucht, um sie durchzulesen, stand, daß man ein Stück vom Kreuz Christi gefunden habe. Das war mir denn doch zuviel. Der Handel mit Reliquien der katholischen Kirche erschien mir sowieso sehr zweifelhaft. Soviel Nägel, Holzstücke, Gewandreste und Knochen von Heiligen, die im Mittelalter im Handel waren, gab es bestimmt nicht. Und nun das!!

»Fang nicht gleich an zu meckern, lies erst.« Antaares klang etwas ungehalten. Ich versuchte, alle Vorbehalte beiseitezuschieben, und las, daß dies mit hoher Wahrscheinlichkeit das Holzstück war, auf dem die Kreuzesinschrift, »Jesus von Nazareth, König der Juden« geschrieben stand. Und zwar in drei Sprachen, hebräisch, aramäisch und lateinisch. Ein großes Bild war dabei, das das Holz in einem kostbaren Rahmen zeigte. Es stehe jetzt schon nach den ersten Laboruntersuchungen zu neunzig Prozent fest, daß das Stück echt sei. Es müsse noch eine Pollenuntersuchung gemacht werden, die aber mit an Sicherheit grenzender Wahrscheinlichkeit das bisherige Ergebnis bestätigen werde.

Mit an Sicherheit grenzender Wahrscheinlichkeit!! Was für ein Satz. Ich hätte »höchstwahrscheinlich« geschrieben, aber Wissenschaftler drücken sich nie einfach aus. Aber konnte ich das glauben? Und wenn, welche Auswirkungen hätte es auf mich? Würde sich in meinem Glauben etwas ändern?

Es würde sich nichts ändern, stellte ich nach einigem Nachdenken fest. Also war es für mich auch nicht so wichtig, ob das Stück echt war oder nicht.

»Nicht für dich, das ist wahr. Aber für jemand anders ist es sehr wichtig. Das hast du sofort begriffen und es an Frau B. geschickt.«

»Sie rief ja auch am selben Tag an, als ich den Artikel gefunden hatte. Das war wohl ihr Engel, der es arrangiert hat. Wie schön, wenn man weiß, daß alles immer zur rechten Zeit geschieht.«

»Ich werde dich daran erinnern, wenn du meckerst, wenn etwas nicht sofort klappt«, sagte mein Engel. Ich fand diese Bemerkung gänzlich unnötig.

Reise in die Vergangenheit

Es war Urlaubszeit. Wir fuhren mit dem Boot über den Mittellandkanal, um in die Weser zu schleusen. Die Sonne schien, ein sanfter Wind kräuselte den Fluß, und wir waren sehr guter Dinge. Im Laufe des ersten Tages stellte ich fest, daß ich nervös wurde. Das Abendessen schmeckte mir nicht, und mir tat der Magen weh.

»Nanu, was soll das denn?« Es gab überhaupt keinen Grund dazu. Mein Inneres ließ sich nicht beeindrucken von meinen Sprüchen. Es wurde immer schlimmer. Mein Magen verdrehte sich dauernd zu einer Acht. Mir war schlecht, und um mein Elend voll zu machen, bekam ich Durchfall. Das war mir noch nie passiert, daß ich die Toilette nicht rechtzeitig erreichte. Ich trank vormittags schon einen Schnaps, der mich normalerweise aus dem Verkehr gezogen hätte. Jetzt wirkte er gar nicht. Ich will Ihnen eine weitere Beschreibung ersparen. Drei Tage lang ging das so. Ich konnte mir keinen Reim darauf machen. Dann passierten wir die Schleuse Langwedel, wo vor knapp zehn Jahren unser erstes Schiff leckgeschlagen war. Als wir durch waren, spürte ich eine große Müdigkeit, verkroch mich nach unten und legte mich hin. Bis vom Ruderstand der Ruf kam: »Seeschleuse voraus!«

Ich ging nach oben und stellte baß erstaunt fest, daß der ganze schreckliche Krankheitsspuk vorbei war, als wäre er nie gewesen.

Abends in der Koje, ich hatte zum ersten Mal auf dieser Reise richtig zu Abend gegessen, fragte ich Antaares, was los gewesen war.

»Du bist durch die Vergangenheit gereist. Dein Unterbewußtsein erkannte die Strecke, die zu dem Verlust eures Schiffes geführt hatte. Je näher der Ort der Katastrophe kam, um so mehr Angst war da. Das Unterbewußtsein kann nicht unterscheiden, was war und was ist. Und wenn dein Verstand dir auch dauernd erzählt, das sei Schnee von gestern – damit kann man sein Unterbewußtsein nicht beeinflussen.«

»Du wirst mir doch aber nicht erzählen, daß das jetzt jedes Mal passiert, wenn wir die Weser fahren, oder?«

»Nein, nein, jetzt ist alles in Ordnung. Aber erst jetzt ist die Katastrophe von damals ganz verarbeitet«

»Na, da bin ich aber froh, denn auf jeder Weserfahrt Fl...«

»Halt, du wirst doch dieses Wort nicht schreiben, ich bitte dich!«

»Es ist mir irgendwie in die Tasten gerutscht, darf ich wirklich nicht?«

Die Geschichte dieses von Antaares so verpönten Wortes liegt in meiner Kindheit. Unser Hund mochte frische Pflaumen, und bis wir dahinterkamen, hatte er Durchfall. Ich ging noch in den Kindergarten, hatte davon erzählt und zu Hause strahlend verkündet: »Peter hat Flitzkacke!« Ich bekam eine kräftige Ohrfeige und mußte versprechen, das böse Wort nie wieder zu sagen. Habe ich ja auch nicht, nur aufgeschrieben.

Himmel und Hölle

Himmel und Hölle sind keine Orte irgendwo im Universum. Traulich vereint wohnen sie in unseren Herzen. (Im geistigen Zentrum, nicht in der austauschbaren Pumpe.)

So du aber nun Jesus einlädst, in deinem Herzen zu wohnen, so läßt ER sich nicht lange bitten und nimmt Wohnung daselbst. Wenn du dann aber auch nur in Gedanken der Hölle Raum gibst, weil dich der Zorn übermannt, so sind das unerträgliche Schmerzen für den HERRN. Da der HERR in deinem Leibe wohnt, wird dein Leib auch die schrecklichsten Schmerzen leiden. Das geschieht aber, damit du einsiehst, daß du gegen IHN gesündigt hast, daß du deinen Fehler bereuen kannst.

Dieser Absatz stammt weder von mir noch von Antaares. Da hat sich eine höhere Charge eingeschaltet.

Bei manchen Menschen geschieht das in derselben Sekunde. Ich sandte einen zerstörerischen Gedanken aus, dort angekommen, machte er auf dem Absatz kehrt und traf mich doppelt und dreifach. Ich war dankbar, daß mir mein Fehler umgehend vor Augen geführt worden war. Bei weniger sensiblen Menschen dauert es länger, bis ihre eigenen Taten sie wieder erreichen. Das ist dann so, als wenn der Hund heute in die Stube gepinkelt hat und ich ihm erst morgen dafür den strafenden Klaps gebe. Dann hat der Hund keine Ahnung, warum er gestraft wird. So geht es auch dem Menschen, wenn das Ausgesandte erst viel später zu ihm zurückkommt. Das Gesetz von Ursache und Wirkung ist immer in Kraft, und wenn jemand eine negative Ursache gelegt hat, so können ihn auch sein Engel und alle Heerscharen des Himmels nicht vor den Konsequenzen bewahren.

Ich wünsche mir und meinen Lesern, daß wir immer daran denken.

Ihre Karina Silberweg

Neo-Nazis

Neo-Nazis – eine neue Geißel der Völker! Entsetzt verfolgte ich am Fernseher, wie die jungen Leute sich unverblümt zu Haß und Gewalt bekannten. »Warum sperrt man die denn nicht gleich ein, wenn man weiß, wer sie sind«, fragte ich mich.

»Weil das überhaupt nichts nützen würde.«

Mein Engel! Da konnte ich ja gleich fragen, was man denn tun könnte und wieso so etwas überhaupt passiert. Noch ehe ich die Frage richtig formuliert hatte, schossen schon Antaares Antworten durch meine Gedanken: »Zum Teil sind es Seelen, die vom ersten Tage ihres bewußten Denkens auf Haß programmiert worden sind im Dritten Reich. Mit dem gleichen Haß wurden sie wiedergeboren. Zum anderen sind es labile Charaktere, in denen diejenigen, die noch nicht wieder inkarniert sind, vorübergehend Platz genommen haben. Denk an den Schüler, der seine Lehrerin vor der Klasse erschossen hat. Das war nicht er selbst. Da war er besessen von einer Wesenheit, die nichts anderes wollte, als töten. Darum nützen Verbote oder höhere Strafen gar nichts, sie steigern nur den Haß.«

»Ja, gibt es denn nichts, was man tun kann? Müssen wir das alles widerspruchslos hinnehmen?«

»Es gibt nur eines, was stärker ist als der Haß, die Liebe ...«

»Soll ich diese Typen etwa lieben?«

Wenn ich richtig empört bin, kann ich sehr unhöflich werden und meinem Engel ins Wort fallen. Er nimmmt es nicht übel. Er kennt mich ja.

»Denk an die beiden Menschen, die dich wirklich gehaßt haben. Ein Jahr lang hast du für sie gebetet, ihnen liebevolle Gedanken geschickt, obwohl sie dich schwer beleidigt und gequält haben. Dann hattest du sie kleingekriegt. Sie liebten dich und tun es auch heute noch. Wenn ein Volk sich zu einem gemeinsamen Konzept der Liebe entschließen könnte, – es muß diese Liebe noch nicht einmal wirklich empfinden – wenn es für diese armen Seelen beten würde, nur Gottes Segen auf sie herunterflehen würde, es dauerte nicht lange, und keiner dieser Menschen wäre mehr in der Lage, eine Waffe in die Hand zu nehmen. Fang du schon einmal damit an. Wenn es viele Menschen dann lesen und für die Neo-Nazis beten, kann das Wunder geschehen.«

Vor meinen Augen stiegen noch einmal die verzerrten Gesichter auf, sah ich die schwarz-weiß-rote Fahne und die Totschläger am Gürtel, und ich mußte mich zusammennehmen, um nicht das gleiche zu empfinden wie diese Menschen, nämlich Wut und Haß!

Mein Engel hatte Mitleid mit mir. Sanfte, liebevolle Gedanken gingen durch meine Seele. Schließlich weinte ich erleichternde Tränen. Und empfand wirklich Mitleid mit diesen armen verführten Seelen. Nun bin ich sicher, ich kann anfangen, für sie zu beten. Tun Sie es bitte ebenfalls, es ist auch der Wunsch Ihres Engels.

Ursula Mattheus
Engelspiel

Engel sind Wesen des Lichtes und Teil des göttlichen Bewußtseins. Es gibt viele, die uns ihre Hilfe anbieten, wenn wir bewußt mit ihnen in Verbindung treten und erfahren, wie heilend und belebend sie sind. So gibt es den Engel der Erkenntnis, der Freude und der Liebe ebenso, wie den des Annehmens, der Dankbarkeit oder des Loslassens. Erwachsene und Kinder können dieses zauberhafte Kartenspiel auf vielerlei Weise benutzen; zur Meditation, als Orakel, als begleitenden Impuls für den Tag oder als Spiel für mehrere Personen in Gruppen und in der Familie.
55 Karten 6 x 9 cm in einer Faltschachtel
ISBN 3-89060-425-0

Hellena-Maria Gabriel
Heilen mit Engeln

Mit diesen 55 Engelkarten finden Sie Zugang zu Ihren inneren Heilungskräften.
   Die Impulse der Engel wirken inspirierend und schöpferisch und führen Sie und andere liebevoll auf den Weg der Heilung.
55 Karten 6 x 9 cm in einer Faltschachtel
ISBN 3-89060-426-9

Hellena-Maria Gabriel
Entscheiden mit Engeln

Öffnen wir uns den Engeln als Wesen, die uns begleiten und unterstützen, werden wir bemerken, daß sie uns sehr konkrete Hinweise und Hilfe geben.

In den Engelentscheidungskarten begegnen uns diese lichtvollen Begleiter mit direkten Anweisungen zu unseren Fragen. Es unterstützen uns die Engel Verwirklichen, Genießen oder Mut beweisen, oder die Engel Loslassen und Verzichten raten uns vielleicht von einem Vorhaben ab.

55 Karten 6 x 9 cm in einer Faltschachtel
ISBN 3-89060-427-7

Hellena-Maria Gabriel
Engel für Liebe und Partnerschaft

Diese 55 Engelkarten sind ein Weg, spirituelle Impulse in Partnerschaft und Liebe einzubringen. Sie geben Klarheit, führen zu Austausch und schaffen Harmonie. Die Karten verbinden Sie mit der Kraft der Engel, so daß Liebe gelingt und neue Lebendigkeit entsteht.

55 Karten 6 x 9 cm in einer Faltschachtel
ISBN 3-89060-422-6

Rebecca Bachstein

Engel-Licht-Tarot

Das Engel-Licht-Tarot vereint die Energien der Engel mit der Weisheit des Tarot. Im Rahmen dieser tiefgründigen Symbolik sind die nach alter Tradition wichtigsten Engel und Erzengel dargestellt. So entstanden wunderschöne Bilder, die unsere eigenen Seelenkräfte direkt ansprechen und unser ganzes Wesen inspirieren.

Daher eignet sich das Engel-Licht-Tarot als velschichtiges Orakel, das Sie zu allen Lebensfragen in Anspruch nehmen können.
Ein ausführliches Beibuch gibt vertiefende Erklärungen zur kabbalistischen Tradition der Engel und des Tarot. Dazu wird jede Karte in ihren Aspekten ausführlich erläutert. Sie finden dazu Legesysteme für unterschiedlichste Fragegebiete. Die gegebenen Deutungen betreffen Bereiche wie: In welcher Situation befinde ich mich? So kann gehandelt werden. Partnerkarte usw.

32 vierfarb. Karten, Beibuch, 160 S.
ISBN 3-89060-431-5

Informationsanfrage

Bitte informieren Sie mich über:

Falls der Coupon bereits verwendet wurde, richten Sie Ihre Informations- anfrage bitte an:

❏ Neuerscheinungen

❏ Gesamtprogramm

❏ T'ai Chi

❏ Metamorphische Methode

❏ Akupunktur, Akupressur

❏ Vierter Weg

❏ Personal Totempole Process

❏ Whole Self-Methode

❏ Tiefenökologie

❏ Steinheilkunde

❏ Seminare/Ausbildungen
zu den oben angekreuzten Themen

Ryvellus bei neue Erde, Rotenberg- straße 33, D-66111 Saarbrücken *info@neue erde.de*

Bitte in BLOCKSCHRIFT ausfüllen:

_____
Name

_____
Vorname

_____
Straße

_____
PLZ

_____
Ort

_____
Land

_____
Tätigkeit

Den Coupon entnahm ich dem Buch:

_____

Mein Kommentar:

_____

_____

_____

_____

_____

_____

☞ Für Fensterbriefumschlag geeignet

Ryvellus bei Neue Erde
Rotenbergstr. 33
D-66111 Saarbrücken